UN CHEMIN FRANÇAIS

DU MÊME AUTEUR :

Journal de crise, Lattès, 2012.

www.editions-jclattes.fr

François Baroin

UN CHEMIN FRANÇAIS

JC Lattès

ISBN : 978-2-7096-4476-1

Maquette de couverture : Atelier Didier Thimonier

Première édition février 2017.

Pour Jules, pour Constance, pour Louis.

Avant-propos

C'est un joli prénom. Leonarda. Quatre syllabes qui résonnent encore dans le Palais de l'Élysée et n'en finissent pas de rebondir. Comme un acouphène assourdissant, jusqu'à la fin, jusqu'à ce jour où François Hollande annonce qu'il ne se représentera pas. Une première sous la Ve République. Il s'en va, avec le curieux compliment de ses amis qui saluent son courage de renoncer à les conduire à la bataille. Tel un général en désertion sous les hourras de ses fantassins.

Je l'observe, visage défait, regard bas. Comment en est-il arrivé là ? Les images de son échange avec

Leonarda me reviennent de nouveau à l'esprit. Je me souviens de mes sentiments de l'époque. De la gêne et de l'effarement. Mais comment peut-il faire cela ? Comment peut-on laisser le président de la République prendre l'antenne et autant de risques ? Comment ne pas avoir imaginé toutes les hypothèses y compris celle de l'humiliation ? Leonarda, symbole de l'indécision chronique qui envahit l'Élysée, produit une succession d'échecs et débouche sur une cacophonie politique. Avec méthode, François Hollande a bâti son caveau. Leonarda l'a tué. Elle ne fut pas la seule.

Tout commence par un mensonge. Celui d'une campagne irraisonnée, irresponsable, laissant croire à la France que tous les problèmes qu'elle connaît seront surmontés une fois disparu le pouvoir réactionnaire que nous incarnions, Nicolas Sarkozy en tête.

Tout se disloque ensuite très vite dans la France socialiste, les dogmes d'un autre temps, les désertions ministérielles, le changement de cap solitaire, le tournant social-libéral, l'état d'urgence. Tout finit dans l'impuissance. Puis dans le renoncement.

Quelle histoire ! Quelle histoire ? Petite. Toute petite.

Quelques jours plus tôt deux vaches sacrées de la chiraquie ont fait leurs adieux. La droite a tourné la page de trente ans de compagnonnage chiraquien. Nicolas Sarkozy et Alain Juppé battus. La primaire en a ainsi décidé. C'est la force de la démocratie d'imposer une telle décision.

Lorsque nous avons décidé d'organiser la primaire de la droite et du centre, nous n'avions aucune certitude sur l'accueil qui serait réservé à une telle initiative. Cette consultation d'un genre nouveau n'appartenait ni à la tradition de la Vᵉ République, ni aux pratiques de notre famille politique. Elle avait, à mes yeux, la vertu essentielle de nous préserver d'une multiplicité de candidatures à l'élection présidentielle qui aurait pu compromettre nos chances de figurer au second tour. Ce risque n'était pas théorique et je le ressentais d'autant plus fortement que j'avais vécu avec écœurement les déchirements de l'UMP, en novembre 2012, au moment de l'élection de son nouveau président.

Un tel spectacle ne devait pas se reproduire. Bien que ma conviction, d'une manière générale, soit qu'il ne faut toucher qu'avec d'infinies précautions à l'esprit, et plus encore à la lettre, des institutions de la Ve République, je crois en l'occurrence que nous avons eu raison de choisir ce mode de sélection de notre candidat. Par leur participation massive au scrutin, par le succès d'audience des débats télévisés et par l'affluence dans les réunions de tous les candidats, les électeurs et les électrices m'ont conforté dans cette conviction. Ce fut une belle réussite démocratique durant laquelle nos concitoyens ont montré qu'ils étaient maîtres de leur choix et que les jeux n'étaient jamais faits d'avance. Le vainqueur de la primaire, François Fillon, sort de cette campagne inédite avec une légitimité forte, une légitimité qu'aucune désignation par le parti ne lui aurait jamais donnée. Il a, de son côté, conduit une campagne digne, fidèle à ses convictions et toujours riche de sens.

Si cette primaire a été une réussite, nous le devons d'abord à Nicolas Sarkozy qui a relevé notre famille politique il y a deux ans. Sans lui, elle aurait pu disparaître dans les luttes qui l'ont déchirée. Il a su nous rassembler, nous conduire à la victoire aux élections départementales puis aux régionales, et nous redonner l'énergie nécessaire pour cette succession de nouveaux défis. Son action a permis de préserver notre unité et a rendu possible l'organisation de la primaire.

Pour cela, son retour, si audacieux qu'il soit aux yeux de beaucoup, aura été une chance pour notre famille politique. Il a su mettre autour de la table des gens qui ne se parlaient plus. Il a évité la disparition du mouvement gaulliste et la confrontation funeste entre le pouvoir socialiste et, comme unique opposant, le Front national.

Avec Nicolas Sarkozy, nous nous connaissons depuis vingt-cinq ans. Nous avons une longue vie politique commune. Nous appartenons depuis toujours à la même famille politique sans avoir pour autant toujours fait les mêmes choix. J'étais le porte-parole de Jacques Chirac alors qu'il était celui d'Édouard Balladur. Il y avait parfois quelques échanges musclés entre nous, mais je le respectais. Nous avons longtemps porté les stigmates de cet affrontement.

Nous avons tous deux été membres du même gouvernement, choisis l'un et l'autre par un Président qui s'appelait Jacques Chirac dont nous avions d'ailleurs fait ensemble la campagne de 2002. Et lorsque Nicolas Sarkozy a décidé d'être candidat en 2007, je l'ai soutenu. Je ne me suis pas interdit de dire mes désaccords avec le Président qu'il était devenu : j'ai contesté le discours de Latran, la nomination du président de la télévision publique, l'organisation bâclée du débat sur l'identité nationale. Puis, j'ai été son ministre. Je ne m'en excuse pas. J'en suis fier. Il nous fallait nous retrouver. Nicolas Sarkozy avait enfin décidé de jouer son rôle de chef de notre famille en nous rassemblant. En me faisant rentrer au gouvernement quelques mois avant Alain Juppé, il adressait un message fort aux chiraquiens pour que nous soyons en ordre de bataille pour 2012.

Je sais ce que nous avons fait, sous son impulsion, pour notre pays. J'assume ce qu'il y a de meilleur comme ce qu'il y a de moins bon. J'ai mesuré son incontestable leadership durant la pire crise financière que le monde occidental ait connue depuis 1929. L'histoire lui donnera la place qu'il mérite. L'une des plus importantes avec la Chancelière Merkel dans le sauvetage de l'Euro et des économies européennes, donc des emplois, des retraites et de l'épargne de nos contemporains.

Au soir du premier tour de la primaire, tout est écrit. Nicolas Sarkozy se retire. Il prononce son discours. Il suscite le respect, de ses amis dont je suis, de ses ennemis aussi, ils sont nombreux. Ils viennent de perdre leur meilleur adversaire.

C'est un homme de passion qui déclenche les passions. Un leader rare à l'énergie incomparable. Un passionné de la vie, de l'action, de la politique, des débats, de l'État, de la France. Je repense aux dernières phrases improvisées de son discours où il dit à sa femme et à ses enfants son sentiment « de leur avoir imposé beaucoup d'épreuves, parce que ce n'est pas facile de vivre aux côtés d'un homme qui suscite parfois tant de passions ».

J'ai été heureux et fier de faire ce ticket avec lui dans la primaire de la droite et du centre. Sa confiance m'a honoré.

Après le renoncement de François Hollande, la voie est libre pour Manuel Valls. J'ai toujours eu de l'estime pour lui. J'ai apprécié, lorsque nous étions aux affaires et lui dans l'opposition, la constance de son engagement républicain et sa ferveur laïque. Nous avions eu de bonnes relations lorsqu'il était à Matignon et moi président des maires de France, pour discuter de sujets conflictuels avec l'État. Mais quelle stupéfaction devant son art inattendu et insoupçonné de l'exécution, à tous les sens du terme. Lui qui n'avait pas de mots assez durs à l'égard d'Emmanuel Macron, qui avait quitté le gouvernement en période d'état d'urgence pour se lancer dans une aventure solitaire et narcissique, lui, Manuel Valls, dans des conditions similaires, choisit finalement de faire la même chose. Lui qui a revendiqué si fort sa fidélité au Président restera pour l'histoire le premier à avoir si parfaitement exécuté les manœuvres nécessaires pour l'empêcher de se représenter. Lui qui dénonçait les discours incantatoires du parti socialiste. Lui qui expliquait qu'il y avait en France deux gauches irréconciliables prétend aujourd'hui les réunir, avec le secret espoir de récupérer la direction du parti socialiste au lendemain d'une défaite.

Ces désertions et ces trahisons, car il n'y a pas d'autres termes pour qualifier ce qui s'est passé, à l'égard de celui qui les a fais et qui en d'autres temps auraient été lourdement condamnées par l'opinion publique, n'ont été rendues possibles que par l'incapacité de François Hollande à être un chef. Comment être un chef de l'État lorsque l'on ne maîtrise même pas son propre entourage ?

Quelle que soit l'issue de cette primaire, que restera-t-il de ce parti ? Que restera-t-il de ce quinquennat ?

Il restera avant tout le souvenir d'un flux de mensonges, ininterrompu depuis 2012. Mensonges par inexpérience et incompétence sûrement, par calcul et par cynisme naturellement. Mensonges qui ont consisté à dresser sciemment un mauvais diagnostic de la situation de l'économie mondiale, pour proposer des solutions qui ne pouvaient pas fonctionner. Laisser croire par exemple qu'il suffisait d'être à la remorque de la reprise américaine, pour en retirer les bénéfices sans engager pour autant d'efforts particuliers.

Cette succession de mensonges a débouché sur une politique économique improvisée au jour le jour. En se déchirant sans relâche sur les orientations économiques, la gauche a montré qu'elle n'avait pas de projet commun. Que rien n'était prêt. Que la variable d'ajustement de ces politiques désordonnées serait la hausse de la dépense publique et des prélèvements obligatoires. En lieu et place de réformes permettant de rendre notre économie à la fois plus résistante aux chocs mondiaux et plus compétitive, nous avons assisté durant cinq ans à une hausse vertigineuse des impôts supportés par les Français, accablant les classes moyennes. Et sur le plan des réformes, cinq années ont été perdues.

Cinq années durant lesquelles notre décrochage avec les principales économies mondiales n'a fait que se confirmer, y compris au sein de l'Union européenne. Le gouvernement socialiste avait espéré inverser la courbe du chômage, ou attendu qu'elle s'inverse sous l'effet de miracles extérieurs, cherchant à accompagner artificiellement le mouvement par des emplois aidés. Mais, au fond, il n'a rien fait, rien entrepris de neuf ni d'audacieux. Contre ce mal endémique qu'est le chômage, on ne pourrait plus rien faire, comme Lionel Jospin l'avait théorisé à propos des licenciements chez Michelin. Sans doute existe-t-il chez les socialistes une résignation profonde face aux défis économiques et un pessimisme fondamental sur les capacités de notre pays. Et pourtant, le gouvernement bénéficiait d'un contexte économique favorable qui aurait dû lui redonner des moyens d'action : un prix du pétrole bas, un euro faible permettant de doper les exportations, des taux d'intérêt nuls voire négatifs, une politique très accommodante de la Banque centrale européenne, dont j'aurais été bien heureux de bénéficier quelques années plus tôt lorsque j'étais ministre de l'Économie. Cela aurait modifié nos négociations internationales. Mais ce pouvoir n'en a rien fait.

Ces cinq années laisseraient aux Français un souvenir encore plus amer si un nouveau choc mondial devait se produire : entre la crise des dettes souveraines, la politique de liquidités des banques centrales, les dettes des étudiants américains, les bulles immobilières en Chine ou ailleurs, l'impact des taux d'intérêt négatif sur les assurances vie et notre modèle bancaire, il faudrait être très présomptueux pour exclure qu'une de ces bombes n'explose dans les prochaines années.

Absent sur le front du chômage, le gouvernement socialiste s'est également désintéressé d'une autre crise tout aussi profonde. Je veux parler d'une crise de confiance ressentie très violemment aujourd'hui par les Français. Une crise historique sans doute, née des difficultés économiques mais aussi d'une multitude d'incendies que personne n'a pris le temps d'éteindre. Une crise de confiance à l'égard des responsables politiques dans leur ensemble, de leur capacité à agir en de telles circonstances. Une crise qui nous renvoie à la définition même de notre pacte républicain, aux valeurs qui le portent, mais aussi à la façon dont nous voulons écrire collectivement notre avenir en tant que Nation. La politique irrésolue de François Hollande a eu pour conséquence la montée des extrêmes de tous bords, qui par un curieux signe du destin se rejoignent lorsqu'il s'agit d'inciter les Français à se diviser et à s'affronter.

La perte de confiance ne se lit pas pleinement dans les statistiques. Pour en prendre toute la mesure, il faut aller à la rencontre de celles et ceux qui en sont les victimes. Combien de Français ai-je croisés qui, submergés par les difficultés du quotidien, étaient en train de se retirer de leur vie associative ou de leur engagement militant ? Combien en ai-je entendus me dire qu'ils étaient écœurés de la politique, de son impuissance à résoudre leurs problèmes ? Combien en ai-je vus se réfugier dans un désenchantement hostile, solitaire ?

Défiance généralisée, refus de l'autorité, montée du vote contestataire en faveur des extrêmes sont autant de symptômes de cette crise morale et politique extrêmement inquiétante. Chez les jeunes – qui restent de loin la population la plus exposée aux difficultés économiques et à la difficulté d'accéder à l'emploi et au logement – un tel sentiment de désespoir, d'horizon fermé et de révolte peut parfois prendre des tournures plus radicales et plus tragiques encore.

Les drames successifs qui ont frappé la France ont malheureusement leur part dans l'aggravation de ce sentiment. Chacun de nous avait bien conscience de l'existence d'une menace, qui s'était d'ailleurs déjà matérialisée à nos frontières – à Londres, à Madrid, à Bruxelles. Chacun avait en tête la présence sur le sol français d'individus radicalisés capables de tout, comme les drames de Toulouse et de Montauban avaient pu l'illustrer. Depuis janvier 2015, cette menace est désormais permanente, omniprésente. C'est la France dans toute sa diversité qui a été frappée, dans cette série d'actes d'autant plus horribles qu'ils manifestaient une hostilité sans précédent contre notre mode de vie et nos choix de société. Ils ont douloureusement rappelé aux esprits candides que les idéaux qui nous guident depuis plusieurs siècles ont toujours besoin que nous les défendions activement et que nous assurions leur promotion et leur transmission. Rien n'est acquis pour toujours. Rien n'est gagé pour l'éternité.

La sidération et la douleur des premiers instants ont laissé la place au deuil. Deuil profond, largement partagé, largement exprimé durant plusieurs journées de janvier et novembre 2015 puis en juillet 2016. La France a voulu lors de ces journées historiques rappeler son désir d'unité et de fraternité et son rejet de cette violence inacceptable.

Deuil lucide, aussi. Car cette succession de drames nous a directement renvoyés aux déficiences de notre modèle républicain et à notre incapacité à le faire partager à l'ensemble de la société française. Nous avons, de manière collective, manqué de méthode, nous étions parfois à contretemps, nous n'avons pas su exprimer avec fierté notre attachement aux valeurs de la République et surtout, nous n'avons pas suffisamment su transmettre la fierté d'être français. Notre responsabilité est collective, c'est certain. Je ne peux malgré tout m'empêcher de m'interroger sur la responsabilité d'une partie activiste de la gauche, moralisatrice et sectaire, minoritaire probablement, qui a proscrit certains débats et exercé un effet d'intimidation puissant sur la vie politique. Si aujourd'hui le pouvoir en place a été abandonné par son électorat populaire, il ne le doit qu'à lui-même.

Traversée par une crise morale sans précédent, la France doit aujourd'hui plus que jamais se retrouver. Les Françaises et les Français appelés à voter en 2017 ont la possibilité d'en finir avec la passivité, d'en finir avec le fatalisme et le pessimisme qui nous incitent à douter de l'immense potentiel de notre pays.

2017 est une année importante, marquée par ce rendez-vous sans équivalent dans la vie démocratique de notre pays que constitue l'élection du président de la République. Celle-ci se déroule dans un contexte mondial tragique et incertain dans lequel la France doit retrouver toute sa place. Dans le même temps, les Français et les Françaises s'interrogent. La France se cherche un destin.

Nous qui incarnons l'alternance la plus crédible, désormais autour de François Fillon, nous devons proposer des réformes économiques et sociales profondes, afin de redonner de la confiance et de la croissance à notre pays sous peine de briser pour longtemps ce qui reste encore d'espérance dans notre démocratie.

Lors de la campagne de la primaire de novembre 2016, nous avons souhaité parler de la France, de son histoire, de ses perspectives car nous étions certains que le « Chemin français » devait encore éclairer l'Europe et le monde en ces temps incertains.

Au terme de cette primaire, j'ai toujours la conviction que la crise économique et morale que notre pays traverse peut donner lieu à une dangereuse dérive populiste. J'ai la conviction que la France doit être au cœur de nos propositions afin de refaire vivre nos idéaux hérités de la Révolution. Je suis de ceux qui sont fiers de la France, je crois à son avenir. Je suis fier de ce que chaque génération a fait pour la rendre toujours plus forte, plus grande, plus belle. Je suis fier de ce que la France a apporté au monde, et je crois à la pérennité des valeurs qui la fondent.

Dans un contexte exigeant, le futur président de la République devra faire preuve de courage et de détermination. Il devra avoir le cap et la méthode requis pour engager des réformes structurelles trop longtemps repoussées, et sans lesquelles nous sommes condamnés à voir irrémédiablement notre pays s'enfoncer dans la spirale du chômage de masse, d'une croissance qui marque le pas, dans le déclassement inexorable. Je fais confiance à François Fillon, dont l'engagement politique a été marqué du signe de la ténacité pour trouver, dans l'écoute et le respect des sensibilités qui composent notre pays, le chemin de notre renouveau.

Courage et détermination seront requis, mais aussi une parfaite compréhension des particularités du modèle français qui en font un modèle exceptionnel et unique. Sans cette compréhension intime de notre pays, il n'est pas de réforme d'envergure qui ne puisse prospérer en France.

C'est parce que le modèle français me passionne, qu'il place l'homme en son centre et en fait la valeur de toute chose, que j'ai souhaité m'engager en politique. C'est parce que je vois ce modèle aujourd'hui menacé que je veux rappeler quelles sont les actions qui, de mon point de vue, doivent être collectivement entreprises pour le préserver et le transmettre aux générations futures pour qu'elles continuent le chemin français.

1.

Quelle que soit l'ampleur du mouvement populaire qui le porte, le prochain président de la République avec sa majorité et son gouvernement entreront en fonction avec la certitude de ne pouvoir compter sur aucune période d'état de grâce. La France gardera encore les traces des divisions qui la minent aujourd'hui. Il est probable que l'extrême droite enregistrera à nouveau des scores importants, expression d'un mécontentement mais aussi d'une exaspération des Français face à une société qui ne leur semble plus répondre à leurs attentes, qui protège de moins en moins bien ses citoyens les plus fragiles, qui laisse de moins en moins d'espoir de réussite et d'ascension sociale à tous les autres. Il faudra donc sans attendre ouvrir un ensemble de chantiers indispensables pour l'avenir de notre pays. Aucun d'entre eux ne sera à proprement parler une promenade de santé, tant sont grands les enjeux et aussi les forces de résistance qu'il va devoir surmonter et convaincre. C'est la raison pour laquelle il faudra procéder avec ordre et méthode. François Fillon a déjà montré qu'il avait les qualités requises pour y parvenir, en pilotant avec succès la réforme de France télécom en 1996, la première réforme des retraites en 2003, puis la réforme des régimes spéciaux alors qu'il était chef du gouvernement.

Les trois premiers mois de la mandature seront décisifs. Avec une équipe resserrée, il faudra engager un programme de réformes exigeantes qui auront trait à la sécurité intérieure, aux finances publiques et à notre droit du travail.

Malgré l'urgence qui s'attache à une telle ambition, les réformes à venir ne pourront pas toutes prendre la forme d'ordonnances. Légiférer par ordonnance est certes une possibilité que notre Constitution donne au pouvoir exécutif, mais il est entendu que son utilisation ne peut devenir la règle. Les Françaises et les Français sont attachés à la démocratie et ils ont la passion du débat public. Ils ne comprendraient pas que sur les enjeux essentiels ayant trait à leur avenir collectif, on tienne à distance leur parole, ou celle de leurs élus.

À l'opposé de l'image qui était souvent donnée de lui par les médias, je veux rappeler que Nicolas Sarkozy a su engager des réformes audacieuses sans jamais abuser de tels procédés et ce, même au plus fort de la crise. Il n'a en particulier jamais eu recours à la procédure dite de l'article 49.3, qui permet d'engager la responsabilité du gouvernement sur un projet de loi et de réduire ainsi le débat parlementaire à sa portion congrue. Dans la révision constitutionnelle de 2008, il a même fait réduire la fréquence d'utilisation possible de ce dispositif. Le quinquennat de François Hollande aura suffisamment montré que cette modération n'est pas toujours partagée. Il aura aussi montré ce que l'on récolte lorsque l'on veut réformer la France dans la précipitation et sans mettre son projet au service d'une vision de long terme pour notre pays.

Si l'on souhaite procéder dans l'urgence mais sans céder à la précipitation, il importe d'établir une hiérarchie claire dans nos priorités de gouvernement, et de répondre d'abord aux attentes immédiates des Français. Alors que Berlin vient d'être frappée par une nouvelle attaque terroriste, nous ne pouvons faire abstraction de l'ampleur des menaces qui minent notre pays. Beaucoup reste à faire pour obtenir un recul durable de la violence dans notre pays. Beaucoup reste à faire pour prévenir la radicalisation sur notre territoire et pour renforcer nos forces de sécurité, en France comme à l'étranger. Beaucoup reste à faire enfin sur le terrain des idées, car c'est un paramètre essentiel de la lutte contre le terrorisme : c'est un combat technique mais c'est aussi un combat d'idées, de conceptions du monde qui sont diamétralement opposées. C'est l'affirmation de nos droits et la défense de nos libertés.

Dans les premières semaines suivant sa prise de fonctions, le futur gouvernement devra proposer une nouvelle loi d'orientation et de programmation pour la sécurité intérieure, à l'image des LOPPSI adoptées en 2002 puis en 2011. Ce texte devra être préparé et adopté dans un contexte très particulier puisque les mesures relatives à l'état d'urgence parviendront à expiration le 15 juillet 2017. Le début du mandat du nouveau président devra être à mon sens consacré à la mise en œuvre d'une stratégie permettant à la fois de faire évoluer le droit commun, pour le rendre plus conforme à la réalité des menaces auxquelles nous sommes exposés, et à réorganiser nos services de protection et de sécurité intérieure.

La meilleure coordination de ces différents services est un élément clé. À l'image du rapprochement opéré en janvier 2009 entre la police nationale et la gendarmerie, nous devrons très rapidement acter le rattachement au ministère de l'Intérieur des services des Douanes et de l'administration pénitentiaire. Lorsque j'étais ministre du Budget, ayant autorité sur les services des Douanes, j'ai pu mesurer le dévouement, le savoir-faire et le professionnalisme des fonctionnaires des Douanes. J'ai aussi pu mesurer les nombreuses synergies qui pourraient se dégager d'une tutelle partagée avec le ministère de l'Intérieur. Une démarche analogue doit être engagée avec les services de l'administration pénitentiaire. De nombreuses missions initialement réalisées par la police nationale et par la gendarmerie ont été transférées à cette administration ; il convient de parachever cette réorganisation par une intégration de cette administration au ministère de l'Intérieur. Une tutelle élargie du ministère de l'Intérieur sur l'ensemble de ces directions centrales permettra une meilleure circulation de l'information, une meilleure complémentarité entre des services publics ayant pour objectif partagé d'assurer une meilleure protection des Françaises et des Français.

Cette refonte institutionnelle devra aussi s'accompagner d'une plus grande interopérabilité des services de police nationale et de police municipale au sein de chaque commune. Les maires sont des acteurs majeurs de la sécurité. Après les attentats de 2015, l'Association des maires de France a engagé un dialogue avec le ministère de l'Intérieur en vue de renforcer les moyens mis à disposition des policiers municipaux, notamment en gilets pare-balles, et d'augmenter les moyens mis à disposition du Fonds interministériel de prévention de la délinquance. Nous devons à présent aller plus loin et acter, dans une nouvelle LOPPSI, la possibilité d'armer systématiquement les policiers municipaux, dès lors que le maire et le conseil municipal le demandent expressément. Des moyens supplémentaires devront également être envisagés pour garantir à la police municipale un meilleur accès aux fichiers de la police nationale et de la gendarmerie, et simultanément leur permettre de mieux faire remonter les informations opérationnelles recueillies sur le terrain. Je garde en mémoire un échange avec le maire de Chamalières, qui en accord avec l'État avait réalisé une mutualisation des postes de police nationale et municipale dans sa commune. Cet exemple illustre parfaitement la mutualisation des moyens qui permettra *in fine* d'assurer une meilleure protection de l'ensemble de la population. Le travail conjoint devra aussi être réorganisé entre les services de sécurité de la RATP et ceux de la SNCF, ainsi que la coordination avec les sociétés de sécurité privée. C'est l'ensemble des liens unissant les forces de sécurité que nous devons repenser, afin de permettre un maillage plus fin de notre territoire et une détection rapide et efficace de tout risque potentiel. Comme nous le rappelle une énième fois l'agression de quatre fonctionnaires de police le 8 octobre 2016 à Viry-Châtillon, nous devons tout faire pour protéger ceux qui nous protègent.

Si la force protectrice de l'État repose sur la force de son action, la force de la sanction pénale réside dans son exécution. Ce texte de loi devra s'attaquer aux dysfonctionnements de notre justice, qui au regard du contexte s'acquitte de ses missions de manière insuffisante et insatisfaisante. Insuffisante parce qu'elle manque cruellement de moyens dans les juridictions comme dans les établissements pénitentiaires. Le nombre de places disponibles dans les prisons françaises est très inférieur aux besoins, sans qu'il soit même nécessaire d'évoquer l'état de vétusté de certains établissements. Nous devrons très rapidement engager un programme national de modernisation et de construction de nouveaux établissements pénitentiaires, comme l'ont fait Jacques Chirac et Nicolas Sarkozy en leur temps, avec l'objectif ambitieux d'engager la construction de 20000 places d'ici 2022. Insatisfaisante parce que les mesures ou les condamnations prises à l'encontre d'individus qui mettent en danger la sécurité nationale sont souvent trop inadaptées au regard de leur dangerosité potentielle. Nous devrons donc à l'aide de ce texte rétablir les peines plancher, et veiller à la manière dont sont exécutées les mesures privatives de liberté.

Sur le plan européen, l'été 2017 devra être consacré à la mise en place des nouveaux dispositifs de contrôle des personnes présentant une menace au sein de l'espace Schengen, avec notamment un meilleur partage des fichiers des polices nationales et un renforcement des moyens.

Il nous faudra probablement procéder dans le même esprit pour notre défense nationale. En décembre 2016, le chef d'état-major des armées a pris une position publique rare et spectaculaire à l'approche d'une élection majeure. Il a alerté les Français sur le manque de moyens de nos armées et sur l'urgence de conserver un objectif de 2 % de notre Produit Intérieur Brut consacré à notre budget de défense. Que le plus haut militaire du pays soit contraint de prendre l'opinion publique à témoin, en plein état d'urgence de surcroît, est une nouvelle illustration du chaos qui règne dans les plus hautes sphères du pouvoir socialiste. On peut en revanche approuver l'objectif proposé. Une loi-cadre en tout début de législature offrirait utilement la méthode budgétaire pour atteindre cette cible, certes élevée, mais réaliste. En parallèle, nous pourrions nous inspirer des réflexions engagées récemment par Thierry Breton. Le dernier ministre de l'économie de Jacques Chirac, remarquable chef d'entreprise et brillant ministre chiraquien, a entamé une tournée des places européennes. Il a vanté les mérites d'un fonds européen de la défense. Les efforts déployés par les pays volontaires pour renforcer leurs armées seraient mutualisés et ne rentreraient pas dans la comptabilité « maastrichtienne ». Nous pourrions ainsi mieux garantir notre protection sans altérer notre politique de relance économique.

Le deuxième grand chantier qui attendra la nouvelle majorité sera celui de la relance rapide de notre économie. De mon point de vue, ce chantier devrait s'articuler autour de trois axes majeurs : le vote d'une loi de finances rectificative, permettant de réaliser un bilan de la situation financière de l'État que laisse l'actuel gouvernement socialiste et de revenir rapidement sur plusieurs politiques inefficaces ; une réforme du droit du travail ambitieuse assortie à des baisses de charges significatives, droit du travail et coût du travail doivent être traités dans le même mouvement, c'est un élément fondamental de la restauration de la confiance donc de la relance de la croissance.

Le vote d'un collectif budgétaire dès l'été 2017 nous permettra tout d'abord de revenir sur une loi de finances votée à l'automne 2016 par la majorité de gauche alors même qu'elle avait été qualifiée d'insincère par le Haut Conseil des finances publiques, ainsi que sur plusieurs décisions dogmatiques qui ont suffisamment montré leur inefficacité. En faisant reposer son budget sur des hypothèses fantaisistes, en ayant recours à des artifices comptables permettant de faire peser sur 2017 des dépenses engagées en 2016, le gouvernement socialiste cherche à cacher sous le tapis les failles de son bilan. Il va même plus loin et l'assortit de nouveaux « cadeaux » à son électorat, avec le secret espoir de faire passer cette pilule amère. Tout cela sans aucune considération pour les finances publiques, ni pour le niveau d'imposition induit par cet ensemble de décisions irresponsables. Rien dans ce projet n'est plausible, à commencer par les hypothèses de croissance pour 2016 et 2017 sur lesquelles il se fonde (1,5 %). Au rayon des cadeaux, alors que le taux de chômage a atteint un niveau historique en août 2016, à 10,5 % de la population active, près de 300 000 emplois aidés ont été créés, auxquels il faut ajouter 150 000 nouveaux contrats aidés prévus par un décret d'avance en septembre 2016. Inconséquence, indifférence quant au coût et aux conséquences fiscales de politiques dogmatiques et inefficaces : si la mandature de François Hollande devait se résumer en une formule, je pourrais suggérer celle-là.

Un gouvernement d'alternance aura donc le devoir de rapidement réaliser l'audit des années Hollande, pour identifier tous ces coûts cachés et toutes ces « bombes à retardement » laissées ici ou là. Un travail de déminage nous attend. Pour autant, contrairement à ce qu'a fait le gouvernement socialiste en 2012, les mesures prises en matière budgétaire les six premiers mois ne doivent pas servir uniquement à déconstruire ce qui a été fait pendant cinq ans, mais aussi à engager tout de suite les mesures nouvelles que nous estimons nécessaires. Il s'agit d'un travail de responsabilité vis-à-vis du peuple français, car nous devrons couper court à toutes ces initiatives inefficaces aux buts exclusivement politiques. Je pense par exemple aux emplois aidés du secteur public, une vieille ficelle qui aura été employée par le gouvernement durant toute la mandature pour donner l'illusion de lutter contre le chômage, alors que chacun sait que les perspectives à l'embauche de ceux qui en bénéficient ne s'améliorent que rarement.

Je pense également à l'imposition à la source, une réforme qui peut avoir des atouts si elle est menée correctement – comme le fait de réduire considérablement les effectifs de l'administration fiscale nécessaire pour la gérer. Mais la réforme proposée par les socialistes, mal ficelée, votée à la va-vite en fin de quinquennat, est tout sauf un progrès. Elle introduit une nouvelle complexité pour les employeurs et les salariés, sans dégager de véritables économies structurelles. Elle crée une illusion d'impôt « actualisé » alors que cet impôt sera toujours calculé sur les revenus de l'année précédente. En résumé il s'agit d'une réforme inaboutie, qui sera coûteuse et dont les avantages seront incertains. Il nous faudra donc revenir dessus.

Ce collectif budgétaire sera aussi un premier acte par lequel le gouvernement d'alternance pourra montrer sa détermination à alléger le fardeau fiscal qui pèse sur les ménages et les entreprises. Il prévoira notamment une réduction des charges qui pèsent sur le travail, en ciblant en priorité les bas salaires et certains secteurs tels que l'emploi à domicile.

Concernant la question de l'évolution de TVA, je m'interroge. Nous avions fait la TVA sociale, certes tardivement durant le quinquennat précédent. La TVA est un impôt productif, son assiette est large et son taux est faible. Le bouger un peu rapporte beaucoup. Les agents économiques ne répercutent désormais pas tout sur le prix. Il peut y avoir des vertus. Cependant, nous devons mesurer le caractère erratique de la consommation des ménages dans notre pays, qui est un puissant moteur de la croissance. C'est la raison pour laquelle je préfère la conjugaison de la réforme des droits de succession et de la baisse de l'impôt sur le revenu afin de soutenir la consommation plutôt que de prendre un risque sur le pouvoir d'achat dans une grande période d'incertitude. L'évolution de la TVA est un outil fiscal puissant qu'il faut utiliser en tenant compte de ses effets immédiats sur l'économie tout entière.

En parallèle du vote de cette loi de finances rectificative, devra immédiatement s'ouvrir avec les partenaires sociaux une remise à plat de notre droit du travail. Trop complexe, trop bavard, il est devenu un obstacle à l'entreprise comme à l'embauche. Il nous faudra identifier de grands axes de réforme à initier dès le début du quinquennat, au premier rang desquels figurera naturellement la remise en cause de la loi sur les 35 heures. Voici encore une vieille lune socialiste qui a trop longtemps handicapé notre pays. Cette décision d'un dogmatisme absurde, cette volonté de décider à la place des Français de la façon d'organiser leur vie professionnelle et privée. Dès l'origine, il était aberrant de penser qu'un tel dispositif pourrait convenir à une économie comme la nôtre, en recherche de compétitivité. Aujourd'hui j'ai la conviction que nous devons mettre un terme à cette aventure qui a contribué de manière certaine au décrochage de notre économie, et à notre appauvrissement collectif. Les travaux à engager dès l'été 2017 devront s'inscrire dans cette perspective.

Enfin, nous devrons reprendre la réforme visant à constitutionnaliser la « règle d'or ». Cette réforme a été abandonnée par François Hollande alors que, je le répète, elle n'était ni de droite ni de gauche. Il s'agissait d'une mesure de bon sens, alors que la crise mondiale avait souligné avec une très grande violence le danger d'une dette excessive et les situations qui pouvaient en résulter pour les pays coupables d'avoir laissé filer leurs déficits.

Constitutionnaliser une règle d'or, c'est inscrire au plus haut niveau l'exigence qui s'attache à ce que la dépense publique suive désormais une trajectoire raisonnable, prévisible et proportionnée aux ressources dégagées. C'est refuser absolument la démarche qui consiste à faire financer des politiques publiques actuelles par de la dette, ce qui revient à repousser la charge sur les générations futures. C'est accepter que toutes les administrations ou entités se voyant déléguer la gestion de deniers publics ont l'obligation de rendre des comptes aux citoyens français, conformément à l'article 15 de notre déclaration des droits de l'homme et du citoyen – un article trop souvent oublié. C'est exiger de toutes les administrations qu'elles inscrivent leur action dans la durée, à l'aide de programmes pluriannuels. C'est enfin imposer qu'aucune de ces administrations ne puisse se soustraire à cette règle, qu'il s'agisse de l'État ou de ses satellites. Je sais que cette thématique, très à la mode au moment de la crise, a été rangée à la cave par beaucoup. Bruxelles ouvre aujourd'hui plus le jeu sur une forme de laisser-faire budgétaire, pour mieux soutenir l'activité dans les pays en difficulté, c'est le cas pour les pays du Sud, c'est le cas de la France. Il y aura donc à n'en point douter une plus grande tolérance sur le soutien à la dépense publique pour accompagner des initiatives européennes telles que le fonds Juncker. N'y aurait-il pas là, par un curieux mais vertueux paradoxe, un chemin français diplomatique, qui serait de modifier notre loi fondamentale en vue d'atteindre zéro déficit en fin de législature, tout en demandant la bienveillance européenne, afin de coordonner les politiques de l'union dans le soutien au développement des infrastructures consommatrices de crédits publics très conséquents. Nous éviterions ainsi l'écueil d'un laxisme à la française et d'une défiance des investisseurs dont nous avons puissamment besoin au lendemain de l'élection présidentielle pour relancer la machine.

Le grand effort que nous devons engager pour réduire la dépense publique est indispensable, car son niveau atteint aujourd'hui des sommets invraisemblables : à l'automne 2016, la dépense publique représentait plus de 57 % de la richesse produite, ce qui place notre pays au deuxième rang mondial, juste derrière la Finlande. Cet effort passe naturellement par une réduction maîtrisée du nombre de fonctionnaires comme nous l'avions engagée par le passé. Mais pour que cet effort soit ordonné des instruments de responsabilité tels que la Règle d'or nous seront précieux.

Si nous voulons aller plus loin dans les objectifs, il nous faudra au préalable redéfinir et faire partager par la représentation nationale, la voilure et les missions du service public, qu'il soit de l'État, des collectivités territoriales ou du secteur de la santé.

La mère des réformes en matière de finances publiques est la réforme des retraites, je ne reviens pas sur les constats d'évidence, qui font l'objet d'un large consensus sur la nécessité de repousser l'âge de départ à la retraite, c'est au minimum 64 ans et plus probablement 65 ans dans la décennie qui vient, c'est-à-dire ce qui avait été fixé au lendemain de la guerre avec une population moins nombreuse et des réalités démographiques plus favorables. Il faudra mener cette réforme dans les tout premiers mois de l'alternance.

Une loi d'orientation pour réarmer l'État, un collectif budgétaire large pour redonner de l'oxygène aux classes moyennes et sortir de l'impasse imposée sous le quinquennat Hollande, un collectif social pour réformer les retraites et donner de l'air à nos comptes sociaux, la réforme du droit du travail et une révision constitutionnelle abordant également les problématiques de la relance de notre démocratie représentative devraient permettre au futur gouvernement de relancer le pacte de confiance avec les Français et de restaurer aux yeux de nos partenaires l'image d'un pays fiable enfin en mouvement.

Dans un juste équilibre il me paraît désormais nécessaire de réduire le nombre de parlementaires tout en leur donnant plus de moyens pour contrôler l'action du gouvernement. La démocratie n'a pas de prix mais elle a un coût. Il ne faut pas hésiter à aller contre les idées reçues, les Françaises et les Français peuvent comprendre et accepter cette évolution. Dans le même esprit ne faut-il pas un peu de courage pour expliquer que le fameux cumul montré du doigt parfois avec tant d'hostilité et d'imprécision est en réalité une loi anti-territoires, anti-maires ? Lorsqu'il n'y aura plus au parlement que des législateurs sans enracinement local, l'immense majorité des territoires français n'aura plus de voix, de voie, pour se faire entendre à Paris. Ce sera la victoire exclusive des appareils partisans et des puissantes administrations centrales. Les tenants de la thèse anti-cumul et ils sont nombreux prennent souvent des exemples étrangers sans jamais vraiment mesurer que ces exemples ne correspondent ni à notre histoire, ni à notre fonctionnement. Nous sommes un vieux pays, centralisateur dans ses décisions fondamentales. Nous ne sommes pas un État fédéral, qui a délégué une très grande majorité de ses pouvoirs, y compris fiscaux, aux territoires. Personne ne mesure, car personne n'en a vraiment le courage, à quel point cette réforme va en profondeur modifier la nature de notre régime, de nos relations institutionnelles et puissamment aggraver la fracture entre Paris et le reste de la France. Je suis conscient que cette position est à contre-courant d'une très grande majorité d'observateurs. Mais je la défends, car j'ai inscrit mon parcours politique dans la filiation gaulliste. Je sais ce que nous devons au Général et aux constituants de l'époque dans la stabilité de notre pays et de ses institutions. Ce qui s'annonce est un déséquilibre profond et certain. Il est d'ailleurs singulier d'observer que les plus allant sont aussi ceux qui ont le plus contesté et continuent de contester la Ve République et l'organisation des pouvoirs publics.

2.

S'exprimant au micro de la BBC en novembre 2016, le Premier ministre reconnaissait qu'« il est difficile aujourd'hui de mettre fin à l'état d'urgence. D'autant plus que nous allons nous engager dans une campagne présidentielle ». Pour lui, il s'agit aussi de protéger notre démocratie.

Ainsi, pour la première fois depuis 1958, l'élection présidentielle de 2017 se déroulera sous un régime d'état d'urgence. C'est un contexte dont ni les candidats, ni les électeurs ne pourront faire abstraction au moment de se rendre aux urnes. Le voudraient-ils d'ailleurs, que la succession d'attentats meurtriers depuis le 7 janvier 2015, les nombreuses tentatives déjouées par nos services, les affrontements militaires qui embrasent tout le Moyen-Orient et une partie de l'Afrique, viendraient les rappeler à la réalité. Une réalité que l'on peut sans grandiloquence appeler une guerre. Guerre contre la France, contre l'Occident, contre les chrétiens et les juifs dénoncés pour ce qu'ils sont, mais aussi contre une partie des musulmans, au fond contre tout ce qui ne pense pas comme une poignée de fanatiques dont une lecture radicale du Coran sert de justification à l'accomplissement d'actions criminelles inacceptables. La France est une cible.

Notre agresseur, notre ennemi a un nom : Daesh, organisation totalitaire et sanguinaire, terrorisant les populations dont elle occupe le territoire et attisant toutes les formes de radicalisation contre nos valeurs républicaines de liberté, de justice et d'égalité. Nous devons qualifier ces actes et leurs auteurs pour ce qu'ils sont vraiment, sans craindre de stigmatiser qui que ce soit, car ils ne représentent personne. Leur folie meurtrière n'engage qu'eux seuls. Il s'agit d'une barbarie injustifiable, portée par des assassins, au service d'un projet sans issue, destructeur et inhumain.

Nous savons aujourd'hui que nous avons affaire à un mouvement terroriste organisé, avec des ramifications au Moyen-Orient, en Europe, et un peu partout dans le monde, et qui a déclaré la guerre à la France, notamment. Les tentatives de présentation de ces actes criminels comme étant le fait d'individus isolés ne résistent pas à l'analyse. Ou en tout cas, quand des individus agissent seuls, leur folie se nourrit de discours de haine qui les rattachent à une guerre globale. Nous savons aujourd'hui que personne ne doit se sentir à l'abri de ces attaques, et qu'au-delà des vies de nos concitoyens ce sont aussi nos valeurs qui sont explicitement visées. Par les armes, il s'agit de nous faire reculer sur ce qui constitue le socle de nos valeurs républicaines. Nous ne l'accepterons jamais.

Les premières d'entre elles, ce sont bien sûr celles de notre devise républicaine. Liberté, égalité, fraternité. De magnifiques notions qui ont acquis en France, au fil de siècles de réflexion et de travail collectif, une signification tout à fait particulière. Ne pas aborder dans les mois qui viennent la question du sens que l'on donne aujourd'hui à ces valeurs serait à mes yeux une erreur. Car sans démarche active de promotion et de défense de ces valeurs, qui sont au cœur de notre modèle républicain, elles sont déstabilisées en profondeur. Les menaces sont nombreuses, elles sont plurielles. Elles s'additionnent depuis plusieurs années. Le plus sûr moyen de les défendre est de les enrichir en élargissant leur périmètre.

La liberté, par exemple. Une valeur qui est au centre de notre mode de pensée depuis la Révolution française, et qui conditionne tant notre vie quotidienne. Dans ses aspects essentiels – garantie des libertés fondamentales de l'individu, liberté de penser, liberté de conscience, liberté de croyance, liberté de la presse… – celle-ci ne semble pas avoir pris une ride et nous ne reviendrons pas en arrière. Mais, nous devons aller plus loin, sur d'autres terrains où se joue aussi la résistance des démocraties.

Je pense, par exemple, à la liberté d'entreprendre, qui constitue un signal fort de la confiance qu'une société et chacun de ses membres peuvent avoir en leur propre talent et en leur avenir. La liberté d'entreprendre a encore des marges à conquérir dans un pays où les créateurs d'entreprises sont accablés par les charges et par les formalités administratives. Quelle liberté pour les indépendants, pour les professionnels exerçant dans des secteurs de plus en plus réglementés et encadrés par l'État ? Quelle liberté pour ceux qui souhaitent travailler davantage et à qui l'on tient ce raisonnement absurde consistant à dire que le travail doit se partager équitablement afin de lutter contre le chômage ? Quelle liberté pour toutes celles et ceux qui souhaitent consacrer une part de leurs revenus à la préparation de l'avenir de leurs enfants, et qui voient que notre système fiscal dans son ensemble les en décourage et les sanctionne en exigeant qu'ils s'acquittent du paiement de l'impôt à plusieurs reprises sur les mêmes bases ?

J'ai la conviction, depuis bien longtemps, que les Français forment un peuple extrêmement ingénieux, créatif, audacieux. Qu'ils n'ont jamais peur de l'initiative personnelle, si tant est que leur environnement le permette ou les y encourage. Au lieu de cela, trop souvent, l'inverse se produit. Notre système les étouffe aussitôt avec des règlements à n'en plus finir, des procédures qui les détourne de leur activité propre, et surtout une pression fiscale qui se fait sentir avant même que l'on sache si son entreprise sera à peu près viable. C'est une situation ubuesque qui mine la confiance collective. C'est aussi une situation dangereuse, car nous ne vivons pas en vase clos et nombreux sont les créateurs d'entreprises qui trouvent un terrain plus favorable à l'étranger. Les jeunes, tout particulièrement, qui ne demandent pas à ce que l'État les aide, mais qui veulent que celui-ci se contente de créer les conditions rendant possible leur projet personnel. De manière paradoxale, ceux-ci partent souvent tenter leur chance dans des pays où les filets de sécurité sont bien moindres, mais où ils trouvent un écosystème privé qui leur est plus favorable.

Ce sont des talents dont nous nous privons et qui pourtant créent de la richesse et des emplois. Je ne suis même pas sûr que nous sachions les faire revenir en France, ce qui serait un autre atout déterminant, tant notre système est aujourd'hui complexe et inadapté pour les personnes qui l'ont quitté depuis plusieurs années. C'est à mon sens un drame pour notre économie, et je souhaite que notre candidat à l'élection de 2017 ait en tête que l'une de ses priorités est de mettre un terme à une telle hémorragie de talents. La liberté d'aller et de venir est une chance, la liberté de communiquer l'est aussi. Mais la liberté d'entreprendre, et de récolter les fruits de son travail, ne l'est pas moins.

En développant de nouveaux espaces de liberté dans lesquels l'initiative individuelle, le courage et la prise de risque sont encouragés nous favoriserons le retour de la confiance.

L'égalité, au sens où nous l'entendons au sein de notre république, reste à mes yeux d'abord et avant tout l'égalité en droit. C'est le corollaire indispensable de la liberté, et la première mission de l'État, qui se doit de créer pour chacun les conditions propices à sa réussite et à son bien-être individuel.

Cette mission, qui est celle des services publics, est-elle toujours remplie ? L'honnêteté impose de répondre par la négative lorsque l'on examine l'état de notre système scolaire et universitaire, mais également l'accès au marché du travail.

Dans ces trois univers, une fracture s'est ouverte dans notre système qui n'est plus aussi « méritocratique » que par le passé. Force est de constater que la République de 2017 ne fournit plus suffisamment aux familles les plus modestes les outils et les clés qui permettront à leurs enfants de voir leur situation s'améliorer. Nous prendrions un grand risque à accepter sans réagir un système qui ménage moins d'espoir pour notre jeunesse, et qui lui laisse comprendre qu'elle doit se contenter de conditions de vie équivalentes ou inférieures à celles qu'ont connues ses parents et ses grands-parents. Une société qui tient un tel discours à ses jeunes met en danger son propre avenir. Notre priorité doit être d'en changer.

Qu'on ne se méprenne pas : de mon point de vue, l'égalité en droit n'a rien à voir avec l'égalité « réelle », héritage de Gracchus Babeuf, révolutionnaire français dont l'œuvre a été une source d'inspiration notable pour les régimes communistes au début du XXe siècle. L'égalité réelle, dans l'esprit de son concepteur, c'est par exemple la négation du droit de propriété. C'est la doctrine de tous ceux qui veulent renverser la table, sans prendre en compte le fait que le remède a de très grands risques d'être bien pire que le mal. L'histoire l'a démontré de façon implacable. Et pourtant de nouveaux porte-parole s'en font l'écho aujourd'hui encore. Ils prônent tout à la fois la décroissance, le repli sur soi et chantent l'*Internationale*.

Quand on parle d'égalité, on parle d'égalité en droit. Parler d'égalité réelle comme le fait la gauche, c'est conduire inévitablement à l'égalitarisme, au nivellement par le bas et au communautarisme, c'est-à-dire tourner le dos à la République. La gauche française devrait faire davantage attention aux concepts qu'elle recycle de la sorte.

La fraternité, troisième terme de notre devise, occupe également une place à part dans la construction de notre modèle. D'aucuns ont pu douter de sa traduction concrète, la renvoyant à une forme de vœu pieu formulé au nom de défense de la paix sociale. Mais pour moi, les implications de la troisième valeur qui compose le triptyque républicain vont bien au-delà. Elle dicte par exemple l'ensemble des politiques publiques dont nous consentons l'effort collectif, au nom d'une certaine idée de la solidarité. Je pense aux dispositifs destinés à nos concitoyens touchés par la maladie, le handicap. Je pense aux aides qui permettent à tous ceux qui rencontrent un drame personnel au cours de leur vie de relever la tête, et de le surmonter en ayant conscience du fait que l'État est à leurs côtés. Je pense enfin aux nombreux mécanismes et programmes mis en œuvre pour accompagner le développement des territoires les plus défavorisés de notre pays, et apporter davantage de dynamisme aux zones rurales en grande difficulté. La fraternité, c'est une écoute, c'est une attention, c'est un humanisme.

Cette valeur éminemment républicaine est-elle toujours d'actualité dans la France de 2017 ? Les filets de protection existent toujours, même si beaucoup pourrait encore être fait, par exemple en renforçant l'accompagnement des personnes âgées dépendantes. Mais comment ne pas voir que les nouvelles générations grandissent avec l'idée que ces mécanismes de solidarité nationale n'existeront plus quand ils en auront besoin, faute de moyens pour les financer ? Comment leur donner tort de ne pas croire au système que nos parents et nos grands-parents ont patiemment élaboré, alors même que ce système fonctionne aujourd'hui à crédit ?

Je ne connais pas un jeune Français à qui l'on ne répète depuis son enfance qu'il a peu de chance de toucher un jour une retraite, ou en tout cas une retraite suffisante et conforme à la promesse du contrat social initial. Est-il surprenant de voir ces mêmes jeunes adopter une attitude hostile vis-à-vis de cet ensemble de mécanismes de solidarité, intergénérationnelle ou non, que nous leur demandons pourtant de financer ?

Il y a là à mes yeux un enjeu sur lequel l'actuelle majorité a délibérément voulu jeter un voile pudique. Les réformes de François Fillon avaient pourtant montré que tout régime reposant sur la solidarité peut être réformé, même nos régimes de retraite, si l'on parvient à faire accepter à tous un effort raisonnable, permettant aux générations qui suivent d'hériter d'un outil encore fonctionnel. François Hollande se voulait le candidat de la jeunesse, mais il n'a pas montré un empressement particulièrement frappant à engager des réformes courageuses en vue de garantir aux jeunes les mêmes droits qu'à leurs aînés.

S'il est une chose à laquelle nous devons prendre garde, c'est de ne pas nous complaire dans une image romantique du modèle unique qui a vu le jour en France. Il conserve des atouts qui font sa force et le rendent attractif aux yeux de nombreux étrangers, y compris au sein du monde occidental. Mais si nous ne les défendons pas ardemment, si nous refusons de voir les dangers qui le guettent, nous courons alors le risque qu'il disparaisse petit à petit, balayé par des logiques plus individualistes et à courte vue.

Je ne souhaite pas que ce jour advienne et je sais que je ne suis pas seul. Une chose est certaine : c'est au cours des années qui viennent que nos choix, ou notre absence de choix, décideront de la pérennité de notre modèle.

Mais il faut aussi savoir ce qui dans notre système relève d'un modèle à défendre et ce qui est anti-modèle. On peut parfois se sentir méfiant et sceptique quand on entend ceux qui ont précipité la France dans le déclin, par l'excès de dépenses publiques et la gabegie, vanter un modèle social français en oubliant qu'il produit un chômage de masse. Oui, il y a un honneur de la France à concevoir des solutions modèles, équilibrées, marquées par la recherche du bien commun et refusant la brutalité souvent inhumaine d'autres modèles. Mais pour autant, rien n'autorise à penser que la multitude de charges, de règlements, d'impôts, de prélèvements obligatoires, de dépenses publiques qui sont autant de freins pour notre économie sont la quintessence du génie français.

Nous ne devons pas avoir peur de repenser et d'adapter notre modèle français pour sauvegarder ses fondamentaux et développer ses forces, car si le progrès est encore possible aujourd'hui, il ne peut que résulter du mouvement et non de l'immobilisme ou de la glaciation des acquis.

3.

Dans une République laïque, l'expression publique et le dialogue ne doivent jamais faire l'objet de censure, même lorsque ceux-ci ont trait aux convictions personnelles. La laïcité, c'est l'affirmation que les hommes ont la faculté d'établir un échange raisonnable et rationnel sur tout, y compris sur ce qu'ils tiennent pour sacré. C'est affirmer qu'il y a dans notre démocratie une place égale pour les croyants, pour les non-croyants, pour tous ceux qui doutent ; que les hommes ne se réduisent pas à ces convictions et qu'au-delà de leurs différences, ils ont la faculté de se reconnaître et de dialoguer pour construire un espace de vie commun.

Mais cet échange a un prix : il faut accepter de sortir de sa bulle intellectuelle, accepter de se faire violence pour se confronter aux opinions d'autrui, même lorsque ces opinions nous semblent impertinentes ou irrespectueuses. C'est une démarche d'exigence vis-à-vis des autres comme de soi-même.

Nombreux sont ceux qui demandent aujourd'hui, sous couvert d'appel à la « tolérance », à pouvoir exprimer publiquement leurs opinions sans que celles-ci puissent faire l'objet en retour de discussion ou de critique. Ils oublient que la tolérance n'est pas une voie à sens unique, et que l'on ne peut revendiquer pour soi une liberté que l'on n'accorde pas aux autres. Avec la liberté de faire connaître son opinion vient toujours la liberté laissée aux autres d'exprimer la leur. Aller à la rencontre des opinions de l'autre est souvent une démarche inconfortable, mais c'est un travail indispensable dans la démocratie que nous voulons construire.

Les grands principes qui ont présidé à la rédaction de la loi de 1905 sur la séparation des Églises et de l'État sont intemporels. C'est la raison pour laquelle j'ai toujours plaidé pour le maintien de cette loi dans notre édifice juridique, quand certains proposaient le réaménagement de ses grands principes, voire sa suppression pure et simple. La France du XXIe siècle a certes changé de visage, mais ses idéaux républicains sont toujours les mêmes.

Avait-on progressivement perdu de vue le caractère essentiel de la laïcité dans le chemin français ? Tel fut en tout cas mon constat lorsque Jacques Chirac et Jean-Pierre Raffarin, après le choc du 21 avril 2002, me demandèrent de réaliser un état des lieux sur l'application du principe de laïcité. Pour un nombre significatif de Français, la défense de la laïcité n'apparaissait plus à l'époque comme une priorité. Certes, des atteintes au principe de laïcité se faisaient parfois jour, avec plus ou moins de remous médiatiques. Mais à vrai dire, les responsables politiques se divisaient alors sur ces questions, aussi bien à gauche qu'à droite. Les mots à la mode depuis les années 1980 étaient l'« ouverture », la « tolérance », le « droit à la différence ». Et le vieux principe de laïcité était à l'époque perçu comme contraire à ces valeurs. Vu comme une source de contraintes plus que de liberté, il n'avait pas bonne presse : le simple fait d'envisager de débattre de ses règles d'application était perçu comme étant hautement risqué. Lorsque survenait une difficulté, on laissait prudemment le soin aux juges, aux gestionnaires publics et privés, de commenter – pour les premiers – et d'appliquer – pour les seconds – les règles préexistantes, avec lesquelles on tentait de résoudre des situations qui ne s'étaient jusque-là jamais présentées. Les affaires de lycéennes voilées dans des lycées de banlieue parisienne, de 1985 à 1990, avaient ainsi donné lieu à des décisions de justice contradictoires, et à des déclarations des responsables politiques de l'époque qui ne l'étaient pas moins. Administrativement vivante, la laïcité était un concept poussiéreux et politiquement sous perfusion.

Jacques Chirac a su très tôt prendre toute la mesure des difficultés qui se dessinaient alors en France. À contre-courant de l'opinion majoritaire et en dépit des critiques – qui furent nombreuses – il choisit d'affronter résolument ces questions afin d'y apporter des solutions pragmatiques et dépassionnées.

Le rapport *Pour une nouvelle laïcité* que je remis en juin 2003 au Premier ministre et au président de la République comportait 16 propositions. Parmi celles-ci figurait l'affirmation de la nécessité d'un texte législatif qui viendrait clarifier et encadrer le port de signes religieux à l'école. Il s'agissait d'un sujet sensible et hautement politique ; il me semblait impossible d'aborder cette question sans l'assortir de recommandations quant à la méthode de travail à adopter. Je m'étais auparavant longuement et à de nombreuses reprises entretenu avec Jacques Chirac, dans l'esprit de complicité qui nous unissait et dans la grande rigueur qui l'animait lorsqu'on abordait les problématiques de laïcité. L'idée de reproduire le schéma retenu dans les années 1980 pour la réforme du code de la nationalité s'était imposée au fil de ces échanges, comme une évidence.

Quelques semaines après la parution du rapport, Jacques Chirac mit en place une commission indépendante présidée par Bernard Stasi, médiateur de la République. Celui-ci fut chargé de dresser un état des lieux de l'application de la laïcité en France. Jean-Louis Debré, Pascal Clément à l'Assemblée, Jacques Valade au Sénat, se penchèrent également sur la question à la fin de l'année 2003. La mission Debré, dont j'ai eu l'honneur de faire partie, auditionna durant le second semestre de l'année 2003 près de 120 personnalités qualifiées issues de tous horizons : autorités religieuses et morales, représentants du corps professoral, historiens, élus...

Cette intense période de réflexion déboucha sur un texte de loi « encadrant, en application du principe de laïcité, le port des signes ou de tenues manifestant une appartenance religieuse dans les écoles, collèges et lycées publics ». Ce texte très concis proposait de modifier le code de l'éducation en ces termes :

> Article L141-5-1 :
> Dans les écoles, les collèges et les lycées publics, le port de signes ou tenues par les-

quels les élèves manifestent ostensiblement une appartenance religieuse est interdit.

Le règlement intérieur rappelle que la mise en œuvre d'une procédure disciplinaire est précédée d'un dialogue avec l'élève.

L'examen en séance de ce texte donna lieu à des débats passionnés. Le député socialiste Jean Glavany, le 4 février, prit la parole au nom du parti socialiste :

« On évoque une "loi-symbole". Je ne réfute pas la formule. La force du symbole peut être nécessaire pour donner des repères à une société qui en manque singulièrement. Une loi citoyenne, en tout cas, pour commencer, ou plutôt recommencer à faire comprendre que la citoyenneté est faite de droits mais aussi de devoirs, et qu'en l'occurrence, la citoyenneté, c'est le droit de vivre sa différence religieuse mais aussi le devoir de respecter la neutralité de l'espace public, notamment de l'école. »

La loi fut approuvée à une large majorité, à droite comme à gauche, et promulguée le

15 mars 2004. Fruit de plusieurs mois d'une réflexion collective bipartisane, elle constitue un clair rappel des fondements et de la vocation laïque de l'école publique. Le texte affirme que la laïcité est l'affaire de tous, et qu'au-delà des impératifs de neutralité qui s'imposent au personnel enseignant dans leur tenue comme dans leurs propos, les élèves ont également le devoir de veiller par leur attitude à la préservation d'un environnement neutre.

Dans la circulaire d'application de la loi adressée au corps enseignant, François Fillon rappelle ce principe général et absolu :

> « L'école a pour mission de transmettre les valeurs de la République parmi lesquelles l'égale dignité de tous les êtres humains, l'égalité entre les hommes et les femmes et la liberté de chacun y compris dans le choix de son mode de vie. Il appartient à l'école de faire vivre ces valeurs, de développer et de conforter le libre arbitre de chacun, de garantir l'égalité entre les élèves et de promouvoir une fraternité ouverte à tous. […] En préservant les

écoles, les collèges et les lycées publics, qui ont vocation à accueillir tous les enfants, qu'ils soient croyants ou non croyants et quelles que soient leurs convictions religieuses ou philosophiques, des pressions qui peuvent résulter des manifestations ostensibles des appartenances religieuses, la loi garantit la liberté de conscience de chacun. Elle ne remet pas en cause les textes qui permettent de concilier [...] l'obligation scolaire avec le droit des parents de faire donner, s'ils le souhaitent, une instruction religieuse à leurs enfants. »

La loi du 15 mars 2004 n'est pas un refus du dialogue, comme en témoigne son alinéa second qui précise que toute sanction doit être précédée d'un échange à vocation pédagogique. Ce n'est pas non plus la négation du droit de chacun à exprimer ses convictions personnelles. Celles-ci restent admises dans l'enceinte scolaire à la condition d'être discrètes et de ne pas perturber le bon déroulement des enseignements. Enfin, il ne s'agit pas de l'imposition d'une règle qui restreint de manière aveugle les libertés individuelles, puisque le responsable de l'établissement est laissé seul juge du caractère ostensible ou non d'une tenue ou d'un emblème. La liberté reste de la règle, mais dans sa mission de maintien de la neutralité du service public dont il a la charge, le proviseur tire désormais son autorité de la loi.

Sous la présidence Chirac, cette innovation se double de la création de deux institutions ayant pour but d'améliorer le dialogue et l'intégration des Français de religion ou de culture musulmane : le Conseil Français du Culte Musulman (CFCM), en 2003 à l'initiative de Nicolas Sarkozy alors ministre de l'Intérieur puis la Haute Autorité de lutte contre les discriminations et pour l'égalité (Halde).

Fin 2004, notre paysage institutionnel se voit ainsi complété d'une instance incarnant la voix de la communauté musulmane en France, et d'une institution visant à identifier et lutter contre les discriminations dont elle est susceptible de faire l'objet. Affirmation forte de la neutralité de l'enseignement public primaire et secondaire, rétablissement d'une égalité de traitement des cultes au plan institutionnel, lutte contre les discriminations susceptibles d'être liées à des différences de convictions religieuses : on retrouve dans ce triptyque le reflet des préoccupations d'équilibre de 1905. Il ne s'agissait bien sûr que de premiers pas, mais ils auraient pu suffire à rouvrir un débat raisonné, équilibré, abordant simultanément les différentes facettes d'une question aussi délicate.

Cela n'a malheureusement pas été le cas. C'est même l'exact opposé qui s'est produit : la parole a été confisquée par les spécialistes autoproclamés de la laïcité, qui ont vu dans cette loi un dévoiement, une marque d'hostilité renouvelée à l'égard des religions, le dangereux glissement d'une « laïcité d'émancipation » vers une « laïcité d'exclusion ». Les détracteurs du projet redoutaient notamment les troubles liés à l'application de la loi, et le départ massif d'élèves vers un enseignement privé de nature confessionnelle.

Dix ans plus tard, force est de constater qu'aucune de ces craintes n'était fondée : le rapport de l'Observatoire de la laïcité paru en mai 2014 dresse un bilan de la première décennie d'application de la loi qui peut difficilement faire l'objet de controverses. Dès la première année d'application de la loi (année scolaire 2004-2005), l'Observatoire de la laïcité relève ainsi que seuls 639 élèves arborant des signes ostensibles d'appartenance religieuse ont été recensés, soit moitié moins que lors de la rentrée précédente. La phase de dialogue prévue par la loi a porté ses fruits : dans l'immense majorité des cas problématiques (80 %), à l'issue d'un échange avec les enseignants et le proviseur de l'établissement, les élèves ont accepté de retirer ces signes religieux. Seules 47 exclusions ont été prononcées pour de tels motifs. Lors de la rentrée scolaire 2005-2006, les cas problématiques ayant donné lieu à recours n'étaient plus que trois, et plus aucun contentieux n'a été signalé depuis la rentrée scolaire 2008-2009. L'exode massif de collégiens et de lycéens vers le privé, annoncé par les détracteurs de la loi, n'a pas non plus eu lieu.

En dépit de ce premier succès, la laïcité restera toujours un sujet ambigu. Sous la présidence de Nicolas Sarkozy, plusieurs décisions courageuses ont été prises notamment pour réaffirmer la neutralité des personnes contribuant à l'exercice d'un service public de manière occasionnelle et bénévole (cas des parents accompagnants les sorties scolaires) et interdire le port de tenues dissimulant le visage dans l'espace public.

Ce deuxième texte – s'il emporte des conséquences sur le port de certaines tenues soi-disant religieuses, mais en fait ethniques, tribales ou militantes, comme la burqa – se fonde à la fois sur des impératifs de sécurité publique et sur les valeurs républicaines de liberté et d'égalité, comme le Conseil constitutionnel a pu le confirmer dans sa décision du 7 octobre 2010. On ne peut que regretter que la deuxième catégorie d'arguments – l'égalité hommes-femmes, la défense de la dignité humaine – ait été quelque peu occultée par la première. Le débat public n'a en effet pas été suffisamment l'occasion de mettre en avant le caractère positif et émancipateur d'une telle loi, dans un contexte où la laïcité aurait eu besoin d'avoir à ses côtés davantage d'avocats.

Car ces années sont précisément celles de la montée en puissance de Marine Le Pen. Soucieuse de rafraîchir l'image de l'extrême droite, elle opère un revirement stratégique non dénué d'arrière-pensées, et proclame son parti nouveau champion de la laïcité en France. En septembre 2011, dans les colonnes du *Monde des Religions*, Elisabeth Badinter en fait d'ailleurs l'amer constat :

> « En dehors de Marine Le Pen, plus personne ne défend la laïcité. Au sein de la gauche, le combat a été complètement abandonné, si ce n'est par Manuel Valls. La gauche a laissé s'installer l'équation suivante : défense de la laïcité égale racisme. »

Le quinquennat de François Hollande n'aura pas marqué d'inflexion notable dans cette tendance. Le candidat Hollande s'y était pourtant fermement engagé durant la campagne, sous plusieurs aspects : d'une part en promettant dans son programme d'« inscrire la loi de 1905 sur la laïcité dans la Constitution » (engagement n° 46), d'autre part en martelant durant les débats de la campagne que, sous sa présidence, il n'y aurait « aucune dérogation en matière de laïcité » et que « les religions doivent rester à leur place ».

Promesses non tenues que tout cela. La Constitution n'a à ce jour pas été modifiée. L'installation de Jean-Louis Bianco, ancien ministre de Mitterrand, à la tête du nouvel Observatoire de la laïcité s'est faite dans une relative décontraction, celui-ci n'hésitant pas à déclarer dans les colonnes du *Monde*, en juin 2013, que « la France n'a pas de problème avec sa laïcité ». Quelques semaines plus tôt, Manuel Valls, alors ministre de l'Intérieur, avait pour sa part déclaré que ce serait une erreur de « considérer la laïcité comme une citadelle assiégée ». Tout va très bien, Madame la Marquise…

Dans le même temps, le Premier ministre Jean-Marc Ayrault annonce la dissolution du Haut Conseil à l'Intégration. Il poursuit un objectif sur lequel il communique largement : « renouveler en profondeur l'approche des questions d'intégration en France ». Ce nouveau chantier se concrétise par la remise à Matignon, entre février et décembre 2013, de plusieurs rapports qui prônent une « conception inclusive et libérale de la laïcité » et fustigent la laïcité « orthodoxe » ou « néo-républicaine ». Sous cette novlangue se dissimule en vérité le retour du fameux « droit à la différence » dont les effets ont pourtant été si désastreux durant les années 1980 et 1990. Les rapports suggèrent naturellement le détricotage de toutes les avancées accomplies par la précédente majorité. L'un d'entre eux préconise ainsi au Premier ministre « la suppression des dispositions légales et réglementaires scolaires discriminatoires, concernant notamment le voile ». La loi de 2004 sur le port de signes religieux ostensibles à l'école, si longue à voir le jour, est donc clairement dans la ligne de mire. Rapidement enterrés par Manuel Valls, ces rapports révèlent les fractures idéologiques qui continuent de diviser les socialistes et l'enferment, pour les questions de vivre-ensemble et de laïcité, dans un immobilisme apeuré.

Dès mon élection à la présidence de l'Association des maires de France, j'ai donc considéré qu'il était urgent de rouvrir ces questions. Car dans l'inconscient collectif, les maires sont les fantassins de la République. Leur rôle dans la mise en œuvre quotidienne et la défense des principes républicains est central. Leur rôle d'alerte aussi, lorsqu'ils assistent dans leurs villes à la montée progressive des tensions communautaires. C'est avec à l'esprit des tels enjeux qu'en novembre 2014, j'ai voulu que le 97e congrès de l'Association des maires de France aborde la question de la laïcité. L'objectif était d'examiner les difficultés concrètes que rencontrent les maires sur ce terrain, et la manière dont ils peuvent les résoudre. Un groupe de travail composé d'élus de toutes tendances et représentatifs de la diversité des situations locales, a auditionné des dizaines d'experts, a recueilli des dizaines de témoignages de maires. Ces travaux ont débouché en 2015 sur la publication d'un vade-mecum à destination de tous les maires de France pour leur indiquer, thématique par thématique, l'ensemble des textes applicables, la jurisprudence courante et formuler des recommandations leur permettant de sécuriser leurs décisions. J'ai pleinement conscience du fait que ce texte a pu donner lieu à des incompréhensions, notamment sur la question des crèches de Noël dans les lieux qui accueillent un ou plusieurs services publics, comme les conseils départementaux ou les mairies. Le vade-mecum se cantonnait pourtant au rappel des disparités de jurisprudence en la matière, qui sont source d'insécurité juridique pour les responsables publics. Sans prendre parti sur le fond de la question, il appelait de ses vœux une clarification de la réglementation. Le Conseil d'État a eu depuis lors l'occasion d'apporter des clarifications que les jurisprudences suivantes viendront compléter. Ce fut une polémique inutile largement lancée et entretenue par le Front National. Ce guide n'est pas une position politique, c'est un rappel du droit et de ses zones grises.

Je ne m'attarderai pas sur les débats qui sont apparus au cours de l'été 2016 s'agissant du port de tenues à caractère religieux dans l'espace public et plus particulièrement de « burkinis » sur les plages. Burkini ou burquini ? La loi du 11 octobre 2010 interdisant la dissimulation du visage dans l'espace public est suffisamment claire à mon sens, et d'ailleurs la plupart de ses détracteurs de l'époque comprennent aujourd'hui, alors que nous sommes toujours sous un régime d'état d'urgence, en quoi cette nouvelle exigence d'ordre public peut être justifiée. Je ne condamne donc pas les municipalités qui, dans l'émotion qui a suivi les attentats de Nice, ont souhaité interdire de telles tenues par voie d'arrêtés. J'y vois une réaction normale et parfaitement compréhensible compte tenu de l'émoi suscité. Quiconque connaît les Niçoises et les Niçois sait parfaitement que quelque chose s'est brisé le 14 juillet 2016, que le regard qu'ils porteront sur leur Promenade des Anglais ne sera plus jamais le même. Je comprends donc ces réactions et je partage les réserves que l'on peut avoir face à des tenues qui, au même titre que la burqa, soulignent et développent un projet plus politique que religieux. Personne ne m'imposera l'idée que la liberté des femmes progresse à mesure que l'on prétend les dissimuler chaque jour un peu plus dans l'espace public. Je crois nécessaire que les femmes s'engagent résolument dans ce combat pour porter notre conception républicaine de l'égalité des sexes.

La laïcité n'est pas un principe daté. C'est une valeur et c'est une règle. C'est l'instrument permettant la sauvegarde et la préservation d'un espace commun de dialogue et d'échange. Vouloir construire une société plus tolérante, plus ouverte, cela revient à nous interroger sur les moyens d'affirmer la laïcité en tant que clé du vivre-ensemble, à l'école, dans l'entreprise, dans l'espace public. Nous devons poursuivre cette réflexion avec pragmatisme, avec lucidité, avec rigueur quand cela est nécessaire et que les circonstances le justifient. Nous ne pouvons surtout pas nous permettre de faiblir dans le contexte actuel. Mais à tout instant, nous devrons rester fidèles à l'esprit de 1905, qui est un esprit d'ouverture et de dialogue.

4.

Nous ne sommes plus dans des temps ordinaires lorsque l'Europe se désintègre sous nos yeux, que l'Allemagne fait désormais cavalier seul et que les Britanniques larguent les amarres.

Nous ne sommes plus dans des temps ordinaires quand, aux frontières de l'Europe, se déroulent des massacres qui jettent des millions de migrants sur des radeaux de mort.

Il est impossible d'évoquer les grands défis qui sont devant nous, sur le terrain de notre sécurité comme sur le terrain de la défense de notre modèle de société, sans évoquer le projet européen et ses perspectives. Le temps de l'Europe politique est revenu. Une Europe qui parle aux peuples qui la composent avec les mots de la réalité.

Le Royaume-Uni a exprimé à une courte majorité son souhait de quitter l'Union européenne. Les atermoiements qui suivent cette décision sont, à mon sens, stupéfiants, si bien que personne, à l'heure qu'il est, ne semble être en mesure de savoir combien de temps ni combien de réformes seront nécessaires avant que le « Brexit » ne devienne effectif. La période transitoire qui s'ouvre – pour une durée indéterminée, donc – ne peut qu'être néfaste pour nous tous, car les implications d'un départ imminent de ce pays perturbent considérablement le processus de prise de décision à Bruxelles, et nous empêchent d'avoir une vision institutionnelle claire.

On aurait tort de penser que le vote des Britanniques n'est qu'un message à destination des dirigeants européens. Comme souvent dans les référendums, la réponse donnée par les électeurs ne prend que partiellement en compte la question qui leur est posée. Le « Brexit » est aussi une affaire de politique intérieure qui doit nous instruire.

Depuis les années 1980, le fossé s'est creusé entre ceux qui ont participé au renouveau économique de ce pays, et ceux, toujours plus nombreux, qui l'ont perçu comme la cause de leur déclassement. La formidable attractivité de Londres, que l'on nous vante souvent à Paris, a aussi pour corollaire les difficultés de logement, un coût de la vie excessif, une fragmentation du travail. Une partie du peuple britannique s'est sentie à la périphérie du grand mouvement de croissance qui portait le pays. Mettre tous ses œufs dans un même panier est un grand risque pour une économie. Londres a choisi la finance et oublié beaucoup de choses en chemin. Les Britanniques l'ont rappelé bruyamment à cette occasion. Le « Brexit », c'est d'abord un cri d'angoisse d'un peuple vers ses dirigeants, tout autant qu'un rejet de l'Europe. J'en veux pour preuve le formidable embarras qui suit maintenant ce vote lorsqu'il s'agit d'en appliquer les conséquences institutionnelles. Les plus ardents soutiens du « Brexit » eux-mêmes se sont immédiatement dérobés à la tâche, quittant la vie politique ou se rangeant sans retard derrière leurs adversaires de la veille. Et la procédure de déclenchement de l'article 50 semble se dérouler dans une gravité sombre que l'enthousiasme de la campagne des partisans du « non » ne laissait en rien prévoir. Cette histoire est loin d'être écrite.

Pour ma part, je regrette cette décision, quelles qu'aient pu être les difficultés de notre relation avec les Britanniques depuis 1973. Le Royaume-Uni est un partenaire majeur de la France, sur de nombreux plans, une grande puissance commerciale et c'est en particulier l'un de nos principaux clients. Toutes les entreprises qui travaillent avec la Grande-Bretagne risquent de voir leurs activités freinées ou rendues beaucoup plus complexes. La présence de certains groupes français sur le sol britannique peut également être remise en cause. Le principe de libre-circulation des biens et des personnes ne prendra jamais autant de valeur que lorsque nous verrons ce qui émerge de cette décision.

À présent, l'urgence pour nous est de prendre acte de ce départ au plus vite. Il faut le voir à la fois comme un signe de la fragilité de notre projet collectif mais aussi comme une opportunité nouvelle. Nous devons laisser les Britanniques choisir leur destin, et nous concentrer sur le nôtre. Tourner la page. C'est un effort indispensable si l'on considère que l'Union européenne, depuis plus d'une décennie, s'est significativement éloignée de ce qui constituait la force et la cohérence de ses ambitions initiales.

De nombreux pays ont été intégrés à l'Union, avec une absence de considération sur la nature de leurs intentions politiques et, ce qui n'est pas moins important, sur le fait de savoir si leurs économies y étaient préparées. Les conséquences en termes de déséquilibres frontaliers ont été rapides et nombreuses. La crise financière de 2008 et celle des migrants ont montré avec une acuité extrême les tensions et les divergences de vues fondamentales qu'une assimilation à marche forcée de nouveaux États membres pouvait générer.

Je ne suis pas de ceux qui, au nom d'un projet d'Europe plus facile à réaliser à six, regrettent l'élargissement : comment imaginer de ne pas réunifier le continent après la chute du Rideau de fer ? Je n'aime pas le procès qui est fait *a posteriori* à cette génération de dirigeants européens qui ont voulu tirer au plus vite les conséquences du bouleversement des équilibres du monde pour consolider le projet européen. C'est d'une telle prétention et d'un tel manque d'humilité.

Mais le processus d'intégration aurait dû davantage tenir compte des particularités – coût du travail, état des finances publiques – pour ne pas créer des déséquilibres insupportables.

Nous avons aujourd'hui plusieurs chantiers majeurs à rouvrir.

S'agissant de la zone euro, sa gouvernance actuelle n'est pas satisfaisante car nous avons oublié que l'euro est un élément de notre souveraineté face aux économies qui nous dominent. Il est nécessaire de porter son pilotage au niveau politique des ministres ou des chefs de gouvernement comme cela fut le cas pendant la crise de 2008 et aussi de nous doter des instruments d'une meilleure coordination des politiques budgétaires et fiscales, et de créer l'équivalent d'une direction européenne du Trésor afin de gérer au plus fin les dettes souveraines.

En matière de contrôle de l'immigration, l'urgence est également forte. En tant que président des maires de France, je me suis déplacé sur les points chauds de nos frontières, à Calais ou à Menton, par exemple. Ma conviction est faite que la crise des migrants illustre la limite de la politique européenne et, notamment, que l'espace Schengen créé en 1985 ne remplit plus ses missions. L'Europe a naturellement une mission d'accueil temporaire des populations en détresse lorsque surviennent des désastres dans le monde. Le principe d'humanité gouverne tous les autres. Mais cela ne veut pas dire que nous ne devons plus exercer de contrôle à nos frontières L'adaptation de Schengen, ou la signature d'un nouvel accord qui entérinerait, pour un temps long, de nouvelles modalités de contrôle aux frontières de l'Union européenne, me semble indispensable. Cela ne signifie naturellement pas la mort du projet européen, mais le constat d'échec de ce dispositif en particulier.

Le nouveau président aura le devoir d'engager de telles négociations avec nos partenaires européens dès les premiers mois suivant son élection. Il faudra, de mon point de vue, porter l'effort dans trois directions : le renforcement significatif des moyens de contrôle de Frontex, les possibilités d'exclusion de certains pays du dispositif lorsqu'ils n'assument pas correctement leurs responsabilités et l'assouplissement des conditions dans lesquelles les États peuvent rétablir le contrôle à leurs propres frontières lorsqu'ils l'estiment nécessaire.

Pour le reste, on se tromperait en pensant que la réponse à apporter à l'exaspération des Britanniques et des opinions publiques à l'égard d'une Europe bureaucratique serait de profiter de leur départ pour la faire enfin encore plus bureaucratique, intégrée, en nous débarrassant des petits États qui bloquent et en allant vers un centralisme encore plus poussé. Je crois au contraire que nous devons construire une Europe plus politique, une Europe respectueuse des identités nationales, car l'Europe est « Unie dans la diversité » comme le proclame sa devise. Une Europe plus politique, c'est aussi une Europe qui défend mieux ses intérêts économiques et commerciaux en posant des règles qui correspondent à la réalité des pratiques de ses concurrents.

L'effacement de la France depuis cinq ans a paralysé la capacité d'entraînement du couple franco-allemand. Sur ce point aussi, François Hollande a déçu. Il faut renouer avec ce principe historique de la dynamique européenne, mais pour concevoir avec l'Allemagne une Europe moins bureaucratique, plus souple, débarrassée des compétences qu'elle ne doit plus exercer pour pouvoir se recentrer sur les projets qui la confortent.

La Commission européenne doit se concentrer sur des missions moins nombreuses mais essentielles comme la sécurité des frontières et des citoyens, la défense de nos intérêts commerciaux et agricoles, les convergences sociales et fiscales.

C'est la condition pour permettre à la négociation intergouvernementale de retrouver la place qui est la sienne dans une Europe politique. L'intergouvernemental est en Europe la source de la légitimité démocratique. La place donnée par un traité à une institution, telle que la Commission, ne remplacera jamais le choix des urnes, et donc le soutien des peuples souverains représentés par leurs gouvernements. Il faut plus, beaucoup plus d'intergouvernemental dans toutes les décisions européennes.

Je l'ai vécu comme ministre de l'Économie durant les très difficiles négociations de la zone euro sur la question grecque. Ce sont bien les ministres, puis les chefs d'État et de gouvernement qui ont imposé ensemble le cadre de la renégociation avec une légitimité que nul ne leur a contestée. C'est d'ailleurs bien l'intergouvernemental qui a produit le traité budgétaire dit Merkel-Sarkozy, sauvant l'euro.

Quand la France, l'Allemagne ou d'autres parlent d'une voix forte, personne ne doute du fait que l'Europe existe. L'Europe n'existerait-elle que si c'est le commissaire européen qui parle ? Non. L'Europe n'est forte que lorsque les Nations qui la composent sont fortes, qu'elles placent leur action à la hauteur de ce qui nous domine depuis le fond des âges, la civilisation européenne. Aucune administration, aucune bureaucratie ne pourra incarner ce mouvement qui nous porte. Sans le concours des peuples, rien n'est possible, c'est ce chemin qu'il faut retrouver.

5.

Le lundi 17 octobre 2016, à 8 h 10, alors qu'elle procédait à l'ouverture de son lycée, la proviseure du Lycée professionnel Hélène-Boucher de Tremblay-en-France, en Seine-Saint-Denis, a été agressée par plusieurs individus à coups de poing et de pied. Un cocktail Molotov a été lancé au même moment entre la grille et la façade de son établissement. Deux heures plus tard, à Argenteuil, un enseignant d'une classe de primaire sera à son tour agressé en pleine rue, devant ses élèves. Et seulement quelques jours auparavant, des agressions similaires avaient visé une enseignante du lycée Jean-Moulin du Blanc-Mesnil, un proviseur et son adjoint au lycée l'Enna de Saint-Denis. La chronique de ces actes criminels intolérables est devenue quotidienne. Ceux-ci ne font même plus la une des journaux.

Notre réponse collective face à la multiplication de tels actes s'est trop fait attendre. Elle doit être d'une fermeté exemplaire. Nous devons remettre l'école au cœur d'un système qui promeut les valeurs de la République, et refaire de l'école un lieu de formation des futurs, un lieu de transmission du savoir, un lieu d'apprentissage du respect et de la vie en société.

Des missions plurielles, complexes, dont le caractère décisif pour l'avenir de notre projet de société a été résumé avec élégance par Hannah Arendt :

> « L'éducation est le point où se décide si nous aimons assez le monde pour en assumer la responsabilité, et de plus, le sauver de cette ruine qui serait inévitable sans ce renouvellement et cette arrivée de jeunes et de nouveaux venus. C'est également avec l'éducation que nous décidons si nous aimons assez nos enfants pour

ne pas les rejeter de notre monde, ni les abandonner à eux-mêmes, ni leur enlever la chance d'entreprendre quelque chose de neuf[1]. »

Il y a urgence, à parler des valeurs et des institutions qui forment le cœur de notre République, et au premier rang desquels figure l'École. C'est aujourd'hui le défi que nous devons relever collectivement. Si nous voulons poursuivre le travail de transmission des valeurs républicaines que nous avons en partage, celui-ci, à mon sens, doit commencer prioritairement à l'École primaire et secondaire.

De nombreux rapports se sont penchés sur la situation de l'enseignement public en France. Ces travaux n'ont pas toujours bénéficié de la visibilité qu'ils auraient méritée, ni fait naître des débats qui pourtant auraient été salutaires ; certains rapports officiels, parce qu'ils mettaient en lumière une situation déplaisante, ont même pu

1. Hannah Arendt, *La Crise de la culture*, traduit de l'anglais par Chantal Vezin, Paris, Gallimard, « Folio essais », 1972, p. 237.

générer une forme d'omerta au sein de l'administration. Ainsi du rapport Obin, en 2004, qui se penchait sur la montée du phénomène intégriste au sein de 61 établissements dits sensibles. Sa publication a longtemps été repoussée en raison du tableau effarant qu'il dressait des établissements examinés. Le problème était déjà identifié, mais personne ne voulait s'en saisir.

Douze ans plus tard, la poussée du religieux dans les écoles publiques et les universités n'est plus contestée. Qu'il faille voir dans cet affichage un simple phénomène de mode – une forme renouvelée d'affirmation de soi face aux autres et à l'institution – ou la marque d'évolutions plus profondes de notre société est une tâche que je laisse volontiers aux sociologues et aux historiens. Il conduit dans tous les cas au même constat d'échec : trop souvent, l'école n'est plus le lieu apaisé, le lieu en retrait du monde, propice à la formation d'un esprit critique et à la transmission des savoirs.

À ce phénomène bien connu s'ajoutent d'autres problèmes structurels qui désormais éclatent au grand jour, et nous montrent l'immense ampleur du chantier qui attendra le prochain gouvernement. Je pense au manque criant de moyens des établissements. Je pense aux programmes scolaires, qui à force d'aménagements successifs ont gagné dans l'accessoire ce qu'ils ont perdu dans l'essentiel. Je pense enfin aux résultats obtenus en fin de cursus, que les classements internationaux nous renvoient au visage avec beaucoup plus de réalisme que les statistiques complaisantes de l'Éducation nationale. Depuis sa première édition en 2000, l'enquête internationale PISA montre que la France figure parmi les pays dans lesquels le milieu social, économique et culturel d'un élève influe le plus sur ses performances scolaires.

Quelle fierté peut-on éprouver à voir accéder 80 % d'une classe d'âge au baccalauréat, si ce diplôme ne leur donne pas plus de garanties de perspectives professionnelles ? Que vaut cet objectif quand on sait qu'un nombre d'élèves toujours plus grand arrive en sixième sans maîtriser les fondamentaux de la lecture, de l'écriture et du calcul ? Quand on constate que des lacunes tout aussi inquiétantes se retrouvent au collège, puis à l'entrée au lycée ?

Les dernières décennies ont connu d'importantes mobilisations populaires, à droite comme à gauche, pour que soient préservés les équilibres trouvés entre enseignement public et enseignement libre. Faut-il pour autant en conclure qu'en l'état actuel l'école de la République s'acquitte de ses missions de manière satisfaisante ? De toute évidence, non.

Cette dérive est plus que préoccupante. Nous ne pouvons pas continuer avec un système où l'apprentissage des savoirs fondamentaux n'est plus assuré. Ce n'est pas à mon sens qu'une question de moyens. Car si c'était le cas, nos grands-parents n'auraient pas pu bénéficier de la qualité d'éducation publique qui leur a été donnée. Or c'est notre époque qui voit le taux d'alphabétisation baisser, c'est notre époque qui voit l'accès aux établissements « élitistes » se fermer de plus en plus aux enfants issus de milieux modestes. C'est la raison pour laquelle je propose cinq pistes de réflexion simples pour redonner à l'école républicaine la place qu'elle n'aurait jamais dû cesser d'occuper au sein de notre République.

La première, qui est une priorité absolue en la matière, c'est la réaffirmation de l'autorité du professeur et de sa responsabilité fondamentale dans la transmission à ses élèves de savoirs essentiels. Les querelles sur le contenu des programmes, sur la meilleure manière de les enseigner et les attitudes prescrites aux enseignants pour que l'école ne soit pas perçue comme quelque chose de contraignant ou d'exigeant pour les élèves, tout ceci a de mon point de vue assez duré. Il faut avoir le courage de refaire de l'éducation un parcours exigeant, dans lequel la figure du professeur est respectée. Sa relation avec ses élèves doit être bien acceptée par tous comme étant une relation d'autorité.

Il faut avoir le courage de se fixer des objectifs pédagogiques clairs, à chaque étape des parcours scolaires, et de faire à nouveau confiance aux enseignants. Savoir lire et écrire au sortir du cours moyen me semble par exemple ne pas devoir faire l'objet d'un long débat – sauf à accepter l'idée que les professeurs de collège doivent enseigner des langues étrangères à des élèves qui ne maîtrisent pas les rudiments du français. C'est absurde. Pourquoi l'actuel gouvernement, plutôt que de faire de l'apprentissage du français sa priorité nationale, se perd-il en réformes sur les langues étrangères dès le cours préparatoire, et sur la suppression des classes bi-langues dans le secondaire ?

Il est urgent que le socle fondamental des savoirs que nous souhaitons transmettre aux jeunes générations fasse l'objet d'une réflexion globale, qui ne se limite pas aux cercles restreints de l'Éducation nationale. Rien n'exclut bien sûr d'envisager l'enseignement de nouvelles matières ou bien la sensibilisation aux langues étrangères dès le plus jeune âge ; mais il serait absurde que cela se fasse au détriment des savoirs fondamentaux – dont une bonne maîtrise de la langue française fait évidemment partie.

Qu'on laisse aussi les enseignants être les véritables maîtres de leurs cours, de leurs classes, de leurs rythmes. Nous ne devons plus avoir peur d'innover. C'est d'ailleurs un axe fondamental sur lequel Jean-Michel Blanquer, mon ami de toujours, reconnu aujourd'hui comme l'un des meilleurs spécialistes de la question, fait reposer le projet de réforme qu'il présente dans son ouvrage *L'École de la Vie*.

Qu'on redonne aux chefs d'établissement et aux enseignants la liberté d'innover, mais qu'il soit également clairement affirmé qu'ils seront redevables des objectifs atteints par leurs classes en fin d'année. Je ne connais pas de profession qui échappe à la reddition de comptes, et ne vois pas de raison d'accorder aux enseignants un traitement différent, alors même que leur mission est cruciale.

Ma deuxième piste pour l'école consiste à y réaffirmer les valeurs républicaines avec une plus grande constance. La remise au goût du jour des cours d'éducation civique décidée par l'actuelle majorité est sans doute utile. Mais de mon point de vue, la transmission des valeurs républicaines ne doit en aucun cas se cantonner à un enseignement dédié. Elle doit au contraire être au cœur de la vie scolaire, au cœur de chaque discipline.

Cela doit à mon sens commencer dès le plus jeune âge, à l'école, où une place plus importante doit être donnée à l'explication et à la célébration des grandes dates de l'histoire républicaine. Ainsi naturellement qu'au chant de notre hymne. Des moments de recueillement, des minutes de silence pourraient être organisés dans toutes les écoles de France lors du dernier jour ouvré précédant le 11 novembre et le 8 mai. Ces journées pourraient également être l'occasion de parler plus longuement aux élèves des valeurs de la République et de la façon de les faire vivre aujourd'hui, comme autant d'hommages à ceux qui ont donné leurs vies pour les défendre. C'est une question de construction personnelle et donc de responsabilité individuelle et collective.

Le programme des études primaires et secondaires, pris comme un tout, doit avoir pour objectif ultime la formation d'adultes autonomes et au jugement éclairé. Les croyances personnelles, les préjugés, les désinformations de toute nature n'y ont pas leur place. C'est une inquiétude particulièrement marquée à présent que les jeunes sont assaillis sur Internet d'informations douteuses et de théories du complot en tout genre. Il est indispensable que les professeurs s'opposent à ces dérives avec la plus grande fermeté.

C'est une tâche qui n'est certes pas aisée et mérite une préparation adéquate : en lieu et place de formations théoriques « hors-sol » portant sur l'éthique et la responsabilité de l'enseignant, il serait utile que les Écoles supérieures du professorat et de l'éducation (ESPE) organisent des mises en situation concrètes prenant exemple sur des cas récemment constatés. Les échanges organisés dans les collèges et lycées français à la suite des attentats de janvier 2015 ont mis en lumière la difficulté d'un grand nombre de professeurs à aborder des questions liées à la liberté d'expression avec leurs élèves.

On ne peut que regretter que de tels enjeux ne fassent l'objet d'une attention plus soutenue de la part de l'Éducation nationale, ainsi que d'une communication plus transparente sur les avancées mesurées dans les établissements les plus difficiles. Le constat récurrent est en effet que les professeurs confrontés à de tels problèmes se retrouvent souvent seuls, sans soutien d'une hiérarchie parfois peu soucieuse de voir naître de nouvelles polémiques dans ses rangs.

La troisième proposition est de garantir des conditions d'enseignement favorable pour tous les jeunes de France. À ce titre, les internats d'excellence lancés en 2008 permettent à des collégiens, lycéens et étudiants motivés, ne bénéficiant pas d'un environnement propice aux études, d'exprimer tout leur potentiel et de réaliser le parcours scolaire correspondant à ce potentiel. En matière éducative, la République ne doit pas abandonner les zones rurales et les zones très urbaines. Comme tous ces jeunes, la République joue son avenir à l'École.

La quatrième piste consiste en la réintroduction de l'uniforme au moins dans l'enseignement primaire et peut-être au collège. C'est un sujet qui me tient à cœur depuis de longues années. Je l'avais déjà à ce titre fait figurer dans les propositions de mon rapport de 2003.

À bien y réfléchir, ceux qui montent au créneau pour s'opposer à une mesure qu'ils jugent réactionnaire seraient bien inspirés de se poser la question simple : est-ce que l'uniforme n'est pas toujours là ? Il prend la forme d'une virgule, de trois bandes, d'un félin, d'un crocodile. Il est source d'identité, partagée par quelques-uns, de tensions entre les groupes, d'envies et de jalousies parfois, de pression sur les familles qui n'ont pas toujours les moyens d'offrir le nouvel uniforme à la mode qui change périodiquement. Ne vaut-il pas mieux laisser le soin à chaque établissement de définir son code vestimentaire ? Cela permettra d'atteindre deux objectifs. Le premier, faire baisser les tensions à l'intérieur même de nos établissements et le second, favoriser l'égalité des chances, dans l'esprit de neutralité du service public.

L'uniforme fait partie des traditions scolaires d'un grand nombre de pays du monde. La survivance de cette pratique n'y suscite à ma connaissance aucune polémique. Nous pouvons prendre exemple non seulement sur le Royaume-Uni, où la pratique est quasiment généralisée, mais également sur le Canada ou les États-Unis. Certaines démocraties asiatiques telles que le Japon, la Corée du Sud, Taïwan, restent également extrêmement attachées à cette tradition et en sont de fervents défenseurs.

En France même, en Outre-mer, de nombreux établissements publics imposent le port de l'uniforme avec un degré élevé de satisfaction.

Avant d'être une mesure de défense de la laïcité, la réintroduction de l'uniforme est une mesure de restauration et de promotion de l'égalité.

Des tenues homogènes définies par les établissements permettent de faire naître chez l'élève un sentiment plus marqué d'appartenance à une institution scolaire, un esprit de solidarité avec ses camarades. Surtout, l'uniforme est un puissant vecteur permettant de rappeler aux élèves que l'école républicaine ne les distingue que par leur travail et leurs mérites personnels, et reste aveugle à tous les autres déterminants : milieu social, environnement familial, appartenances religieuses. Essayons. Qu'avons-nous à perdre ? L'expérimentation dans les établissements volontaires pourrait constituer une première étape. Nous pourrions faire appel à de jeunes créateurs, qui proposeraient ce que pourrait être la forme moderne d'un uniforme loin, de l'image de la blouse grise. Un comité de sélection constitué des représentants du corps enseignant, des représentants des parents d'élèves et des élèves eux-mêmes serait appelé à choisir librement leurs tenues.

Si l'École doit demeurer un lieu sacré, ma cinquième proposition est d'associer le monde sportif et culturel à la formation de nos enfants. L'État et les collectivités locales doivent, aux côtés des parents, premiers responsables de l'éducation de leurs enfants, proposer un plus grand nombre d'activités sportives et culturelles.

L'Association des maires de France a toujours été favorable à une organisation du temps scolaire qui répondrait à cet objectif. Mais elle a toujours plaidé pour une prise en compte des réalités et des contraintes locales. La réforme des rythmes scolaires, décidée unilatéralement par l'État, a mis les élus locaux dans une situation invraisemblable. Dans leur quasi-totalité, ils ont fait de leur mieux pour répondre à des instructions nouvelles, mal préparées et, au final, très coûteuses. Car il s'agit d'une réforme décidée par l'État, dans son domaine de responsabilité, l'organisation du temps scolaire, mais qui se retrouve à la charge des communes et des intercommunalités, tant sur le plan financier que sur le plan de l'organisation. Personne n'aurait été surpris que le ministère de l'Éducation nationale assume intégralement les conséquences de sa réforme, sans demander aux communes de se substituer à lui. Personne n'aurait été choqué que le dispositif soit expérimenté au préalable dans quelques communes ou quelques académies volontaires, puis que nous regardions ses résultats, que nous en discutions ensemble avant de le généraliser.

C'est ce que nous avons fait à Troyes, il y a vingt ans, en initiant dans cinq écoles pilotes un aménagement des rythmes scolaires, cofinancé par plusieurs partenaires. Nous avions ensuite dressé le bilan de cette expérimentation, et constaté que les résultats différaient selon les écoles. À l'époque cette expérience n'a pas pu être généralisée faute de financements suffisants ; mais une telle méthode m'avait semblé parfaitement appropriée. Le gouvernement socialiste a préféré une méthode directive et arbitraire, dont les ambitions n'étaient pas du tout au niveau des prestations proposées. L'expérience révèle que sa mise en œuvre a créé une profonde insatisfaction chez de nombreux maires, y compris les plus motivés, ainsi que chez les parents d'élèves. Les petites communes en particulier se sont heurtées à de nombreuses difficultés très concrètes pour l'appliquer : difficultés de recrutement du personnel dans la durée, nécessité d'adapter ou de créer des locaux dédiés, conciliation des préoccupations parfois contradictoires des parents, des enseignants et des éducateurs. Cette méthode me semble vouée à l'échec. À l'inverse la concertation, l'expérimentation, l'analyse pragmatique des résultats des élèves et des établissements doivent désormais faire partie de nos priorités, avec une double exigence de réussite et de restauration du respect dû à l'institution scolaire.

Ce n'est qu'à ce prix que l'école pourra redevenir un espace permettant à nos enfants de se mettre temporairement à l'écart de la fureur du monde, un espace garantissant à tous la même sérénité dans l'apprentissage, et les mêmes chances de réussite dans la vie.

6.

Un enjeu déterminant pour la jeunesse de notre pays réside dans la qualité de notre enseignement supérieur et dans sa capacité à permettre l'entrée sur le monde du travail. Nicolas Sarkozy ne s'y était pas trompé en faisant de l'Université, de l'apprentissage et de la formation professionnelle des priorités de son quinquennat. À l'heure où plus du quart des jeunes de moins de 25 ans est au chômage en France, contre 12,9 % au Royaume-Uni et seulement 6,9 % en Allemagne, à l'heure où des milliers d'étudiants s'engagent chaque année dans des cursus sans débouchés professionnels, il serait irresponsable de se détourner d'un enjeu aussi fondamental.

Mener la quasi-totalité d'une classe d'âge au baccalauréat n'a en effet pas grand sens, si l'on n'est pas en mesure de proposer un ensemble de formations supérieures professionnalisantes, adaptées à tous les types de parcours et aux capacités de chacun.

Cela doit être vrai de la formation universitaire traditionnelle, mais aussi de l'enseignement technique et de la formation tout au long de la vie, ces deux derniers volets ayant trop longtemps été négligés dans notre pays, en dépit de l'intérêt évident qu'ils présentent dans une société où plus aucune carrière n'est linéaire.

Pour l'université, tout d'abord, il me semble indispensable de mettre un terme définitif à l'hypocrisie de la non-sélection à l'entrée. Les taux d'échec en licence montrent de manière évidente qu'il s'agit d'une sélection différée, effectuée au détriment d'étudiants mal orientés, qui perdent ainsi de précieuses années en faisant fausse route dans des cursus qui ne sont pas faits pour eux.

De quoi a-t-on peur exactement ? D'affirmer haut et fort que l'enseignement supérieur français est exigeant ? Je n'ai personnellement aucun problème avec cette idée, qui est par ailleurs un facteur d'attractivité et de reconnaissance non négligeable de notre pays à l'étranger.

Le deuxième chantier auquel nous devrons nous atteler consiste à donner davantage d'autonomie à nos établissements d'enseignement supérieur. Une première réforme a été engagée en ce sens par Valérie Pécresse lorsqu'elle était ministre de l'Enseignement supérieur et de la Recherche. Nous devons poursuivre dans cette voie et envisager une véritable « décentralisation » de l'enseignement supérieur, autour de grands pôles universitaires qui disposeront de moyens plus importants, d'une gouvernance indépendante et bénéficieront d'une plus grande visibilité internationale. C'est la voie qui me semble devoir être privilégiée si nous voulons que cesse le système que l'on qualifie parfois comme étant « à deux vitesses », en opposant les grandes écoles aux universités. Pour moi, cette opposition n'a plus lieu d'être et chaque système doit s'inspirer des meilleures pratiques de l'autre. Quiconque s'intéresse aux initiatives récentes sait d'ailleurs que les grands pôles universitaires qui se créent en France réunissent en général en leur sein les deux types d'institutions. Outre leur taille critique – qui peut sembler anecdotique mais permet en vérité de bénéficier d'une visibilité accrue – ces nouveaux pôles peuvent développer une stratégie de rayonnement international qui leur est propre et contribuer ainsi au rayonnement de notre pays partout sur la planète.

L'enseignement technique est un deuxième dossier sur lequel nous devrons revenir rapidement. Les filières techniques ont trop longtemps été présentées en France comme étant des formations de « seconde zone », « dévalorisantes » et « offrant peu de perspectives ». C'est bien sûr totalement faux et c'est une erreur qui ne doit plus être commise. Les besoins récurrents exprimés par certains grands groupes industriels français, leur incapacité à recruter dans certains secteurs alors même que le nombre de chômeurs n'a jamais été aussi important, tout cela montre à quel point nous avons laissé l'offre et la demande de travail se désaccorder au fil du temps.

Pourtant, des initiatives intéressantes existent. Implanté à Saint-Éloi, dans l'agglomération toulousaine, le lycée professionnel Airbus est au cœur de la plus ancienne usine de l'entreprise. Il forme, chaque année, près de 300 lycéens aux métiers de l'aéronautique. Cette formation est organisée en trois ans, les deux premières sous statut scolaire et la dernière en apprentissage. Pour le groupe Airbus, c'est la possibilité de recruter des salariés parfaitement formés aux techniques de l'entreprise. Pour les lycéens, c'est la quasi-certitude de décrocher un emploi dès la fin de leurs études.

De tels exemples sont encore malheureusement trop rares dans notre pays. Nous pouvons encore inverser cette tendance, à condition de nous inspirer des meilleurs exemples en la matière. L'Allemagne n'a jamais dévalorisé les filières techniques et l'apprentissage continue d'y être une voie très courante. Dès le plus jeune âge, il y est possible de bifurquer vers des voies professionnelles, ce qui devrait nous faire réfléchir sur notre obstination à maintenir un collège unique fort contesté.

Enfin, suivant l'exemple de l'Allemagne et d'un grand nombre de pays européens, nous devrons faciliter les passerelles entre les cursus techniques et les cursus plus académiques. Un système d'enseignement moderne et ouvert sur le monde ne peut plus accepter la vision compartimentée qui avait cours auparavant, et qui faisait que les choix effectués entre l'âge de 16 et de 19 ans avaient un impact sur le restant de votre vie professionnelle.

Mettre fin à un tel anachronisme implique aussi de nous interroger sur les possibilités de reconversion en cours de carrière. Cela nous renvoie aux formations tout au long de la vie qui sont proposées aux salariés français. Ayons l'honnêteté de le reconnaître : la formation professionnelle en France est un échec. Nos entreprises la financent chaque année de plusieurs milliards d'Euros, par l'intermédiaire des charges dont elles s'acquittent, pour des résultats marginaux sur l'emploi. Une litanie de rapports réalisés par des institutions indépendantes ou par des parlementaires dénonce depuis des années cette politique inefficace, et menée qui plus est à fonds perdus. Nous ne pouvons plus continuer ainsi. Les organismes qui reçoivent la gestion de cet argent public devront avoir l'obligation de rendre davantage de comptes, tant sur l'affectation de ces moyens que sur leurs résultats obtenus. C'est une exigence morale vis-à-vis des ouvriers, des salariés, des fonctionnaires, qui aspirent légitimement à une évolution dans leur vie professionnelle. C'est aussi une exigence morale vis-à-vis des contribuables français comme vis-à-vis des pouvoirs publics, qui ont la charge de piloter cette politique indispensable et la responsabilité d'en améliorer rapidement les résultats.

Si la modernisation de nos institutions d'enseignement supérieur me tient à cœur, c'est aussi parce que de leur qualité, de leur identité marquée et de leur ouverture sur le monde, dépend l'environnement dans lequel évoluera l'ensemble d'une classe d'âge. Nous ne devons surtout pas sous-estimer l'importance de tels lieux dans l'apprentissage de la tolérance, du dialogue et du vivre-ensemble. En laissant perdurer un système universitaire à plusieurs vitesses, c'est l'exact inverse qui se produit : les différents milieux sociaux qui composent notre société ne se côtoient plus, ne se connaissent plus, et vie scolaire puis vie universitaire finissent par devenir un entre-soi.

La montée du communautarisme se pose aujourd'hui au sein de l'université avec une acuité particulière. Des signaux d'alerte ont été lancés au cours du quinquennat de François Hollande, notamment par le Haut Conseil à l'intégration, peu de temps avant sa dissolution en août 2013. Celui-ci avait en effet averti en ces termes :

> « Les contentieux intervenus sont nombreux et concernent tous les secteurs de la vie universitaire, qu'il s'agisse de demandes de dérogation pour justifier une absence, du port de signes d'appartenance religieuse, d'actes de prosélytisme, de la récusation de la mixité tant au niveau des étudiants que des enseignants, de la contestation du contenu des enseignements, de l'exigence de respect des interdits alimentaires, de l'octroi de lieux de cultes ou de locaux de réunion à usage communautaire. »

Ce n'est malheureusement pas la première fois que de tels éléments font l'objet d'un éclairage public. Le rapport Stasi alertait déjà en 2002 sur certaines dérives constatées au sein des établissements d'enseignement supérieur, inquiétude relayée quelques moins plus tard, en septembre 2003, par Michel Laurent, à l'époque premier vice-président de la Conférence des Présidents d'université. Ce dernier mettait en garde contre les « tendances communautaristes, le plus souvent à caractère religieux », devenues un « sujet de crispation politique et de revendication dans notre société ».

Face à cette situation préoccupante, il faut rappeler que le cadre juridique dans lequel s'inscrit l'enseignement supérieur est de ce point de vue clair et incontestable. Selon les termes de la loi, il s'agit d'un service « laïque et indépendant de toute emprise politique, économique, religieuse ou idéologique ». Il respecte par ailleurs la « diversité des opinions » sans perdre de vue son objectif phare, « l'objectivité du savoir ».

L'enjeu que soulèvent les multiples infractions constatées depuis dix ans renvoie donc davantage à un problème de fermeté dans l'application de ces règles qu'à leur aménagement. Ce point de vue qui m'est personnel n'est pas partagé par tous. Nombreux sont en effet les représentants du monde universitaire qui, en accord avec la position adoptée par la Haut Conseil à l'intégration, se déclarent en faveur d'une révision du cadre juridique. D'aucuns militent par exemple pour une extension de la loi de 2004 à tout l'enseignement supérieur, afin que soient interdits les signes religieux ostensibles dans l'ensemble des établissements publics d'enseignement. Cette proposition n'a en soi rien d'inadmissible ; elle correspond d'ailleurs à une règle qui a longtemps été strictement observée par des institutions universitaires étrangères, comme par exemple l'université d'Istanbul.

Le public étudiant est composé de jeunes adultes, majeurs pour la quasi-totalité d'entre eux, qui sont libres d'exprimer leurs convictions personnelles dès lors que cela ne nuit ni à l'ordre public ni au bon déroulement des cours et examens. Des limites pratiques à cette liberté existent dans certaines matières scientifiques comportant des travaux pratiques, ou lors du passage d'examens.

Elles sont déjà mentionnées dans les règlements intérieurs et doivent évidemment être respectées par tous.

En revanche, la plus grande fermeté doit être requise face aux comportements et attitudes qui minent les enseignements : récusations de professeurs, contestation de la validité de certains enseignements, refus d'étudier certains auteurs, absentéisme lors de cours ou d'examens justifié par des motifs religieux. La liberté de croyance ou d'expression ne saurait tout justifier. Les étudiants qui contestent le discours scientifique, l'égalité des sexes, sont-ils vraiment encore dans la démarche de recherche de la vérité, de libre discussion, d'humanisme, de tolérance, qui est au centre de la démarche universitaire ? N'ont-ils pas déjà basculé dans la provocation, la contestation, le ressentiment ?

La voie à privilégier me semble donc être de mieux informer les étudiants de leurs droits mais aussi et surtout de leurs devoirs dans leur vie quotidienne au sein de l'institution universitaire. Chaque établissement pourrait à ce titre se doter d'une charte, dans laquelle seraient rappelés les objectifs fondamentaux de l'enseignement supérieur et l'esprit d'ouverture et de dialogue qui doit animer tous les étudiants. Les étudiants auraient l'obligation de la lire et de la signer chaque année au moment de leur inscription. Ce serait un engagement.

Et si au bout d'un an ou deux ans d'expérimentation le résultat n'était pas satisfaisant, alors le débat sur le principe d'une loi à portée générale se poserait à nouveau. Il est également souhaitable que le règlement intérieur de chaque établissement donne aux professeurs toute latitude pour alerter dès que le comportement d'élèves nuit au bon déroulement de leurs cours, et fasse explicitement mention des sanctions auxquelles les étudiants s'exposent en contrevenant aux principes énoncés dans la charte.

Les exigences intellectuelles doivent être privilégiées. Dans un lieu qui se veut ouvert à la diversité du monde et des opinions, ces règles doivent être présentées comme autant de prérequis indispensables non seulement au bon déroulement des enseignements, mais également à la réussite et à l'épanouissement des élèves. Elles devraient en conséquence systématiquement apparaître dans le contrat établi entre chaque étudiant et son université.

Dernier axe relatif à la transmission des valeurs républicaines durant cette période charnière de la vie, je propose qu'il soit donné à chaque jeune Français la possibilité d'accomplir un service républicain. L'objectif est simple : mobiliser, sans distinction aucune, la totalité d'une classe d'âge, l'extraire de son environnement quotidien et, pour la première fois de sa vie, lui demander de consacrer une partie de son temps au service de la Nation. Nicolas Sarkozy avait développé l'idée d'un service national obligatoire pour ceux que l'on appelle les décrocheurs, sur le modèle du service militaire adapté qui existe en Outre-mer.

J'ai l'intime conviction qu'un tel rendez-vous entre un jeune citoyen et son pays devrait à nouveau exister en France. Il pourrait prendre la forme d'un engagement d'une année scolaire, de septembre à juin, comportant un temps de formation et d'encadrement militaire puis un temps de services rendus à la Nation. Naturellement ce service n'aurait pas vocation à se substituer aux armées professionnelles, dont la modernisation a été décidée par le président Chirac pour mieux répondre aux enjeux du XXIe siècle. Nous ne reviendrons pas en arrière sur ce plan-là.

De caractère obligatoire, ce service pourrait voir son contenu adapté à la fois aux besoins de l'État, des collectivités, des associations. Il pourrait constituer un renfort ponctuel aux forces de l'ordre, de secours ou de santé, en cas de sinistre important ou de catastrophe naturelle, par exemple. Au sein de services municipaux, ce service national permettrait de démultiplier les actions à destination de publics fragiles ou défavorisés. Au sein d'institutions scolaires, il pourrait prendre la forme des missions d'encadrement et d'enseignement auprès d'enfants ou d'adultes désalphabétisés... Les secteurs dans lesquels un tel renfort de volontaires serait le bienvenu ne manquent pas.

Après l'attentat de Nice, le président de la République a mobilisé la réserve opérationnelle pour soulager les effectifs de policiers et de gendarmes. Les réflexes de solidarité qui se sont déployés à cette occasion illustrent bien le fait que le désir de servir son pays, de s'engager au service des autres, est plus que jamais présent au cœur des nouvelles générations.

Un tel service républicain doit répondre à deux impératifs. Tout d'abord, cet engagement doit nécessairement se faire au service de la collectivité et de l'intérêt général. Ensuite, cet engagement implique un « dépaysement » temporaire, qui devra conduire les appelés à quitter leur ville, leur vie quotidienne, leurs habitudes, pour découvrir la diversité de notre pays et se confronter à de nouveaux horizons.

Cet engagement républicain pourra naturellement s'étendre au-delà de l'année passée au service de la collectivité. Nous devrons permettre et encourager une poursuite occasionnelle de cet engagement au service du pays, en constituant des corps de réservistes dont les savoir-faire seront identifiés, et qui seront mobilisables en tant que de besoin. J'y vois un puissant moyen de redonner du sens à notre vie en collectivité et à la notion de fraternité en son centre.

Une telle mesure représente un coût significatif pour la collectivité. À ce titre, elle devrait être débattue dans ses modalités lors d'une grande consultation référendaire. Les estimations font généralement état d'une charge budgétaire qui, par tranche d'âge, se chiffrerait aux alentours de 3 milliards d'euros. C'est une somme importante certes, mais ce n'est pas inatteignable. Si l'on met dans la balance le coût et les bienfaits d'un tel service républicain, à la fois pour les populations qui en seraient bénéficiaires et pour tous les appelés qui en seraient les artisans, l'effort en vaut définitivement la peine.

7.

La France a plus que jamais besoin de se réconcilier avec l'esprit d'entreprise. C'est bien la réconciliation dont il est question, car à mon sens la capacité à innover et à se lancer dans l'aventure entrepreneuriale n'a jamais été absente de notre culture ni d'ailleurs de l'esprit français. Elle n'a jamais été absente et pourtant, nous l'avons souvent déconsidérée, au profit de carrières plus traditionnelles et – ayons l'honnêteté de le reconnaître – moins risquées. Il suffit de regarder les choix que font les jeunes diplômés d'écoles de commerce pour s'en convaincre : la majorité d'entre eux privilégie une carrière au sein d'un grand groupe. L'entrepreneuriat étant laissé aux autodidactes et aux atypiques. L'entrepreneur est encore aujourd'hui, pour une partie de la gauche, au mieux ignoré et au pire montré du doigt comme étant un opportuniste ne créant de la richesse que pour lui-même. Nous devons aussi lutter contre cette contradiction portée par une grande partie de la gauche pour laquelle le chômage est un drame, mais ceux qui créent des emplois sont considérés avec méfiance, leurs revendications étant regardées comme la défense d'intérêts exclusifs et rarement comme une contribution positive à la transformation de notre économie.

Cette époque me semble aujourd'hui totalement révolue. Nous devons à présent prendre toute la mesure de ce que ces hommes et ces femmes audacieux apportent à notre pays, en termes d'idées mais également de richesses et d'emplois créés. Nous devons les écouter avec attention : leur accès parfois difficile aux dispositifs d'accompagnement publics, aux financements privés, doivent nous interpeller et nous inciter à repenser l'ensemble de l'écosystème français.

À ces créateurs d'entreprises, à cette jeunesse qui déborde de talent, je veux rappeler que les valeurs qui les animent font partie, naturellement, de notre pacte républicain. Nous savons qu'ils n'attendent pas toujours plus d'État, toujours plus d'aides et de politiques publiques visant à les accompagner. Les dispositifs qui existent sont d'ailleurs en nombre suffisant. C'est plutôt l'inverse qui est souhaitable pour eux et que nous rendrons possible : que l'État puisse créer les conditions propices à la création et au développement rapide de leurs sociétés. Cela impliquera dans bien des cas de parvenir à « moins d'État ». J'entends par là moins de contraintes administratives, une fiscalité réduite, des dispositifs parfois spécifiques mais qui ne s'apparenteront pas à des usines à gaz. Car un dirigeant d'entreprise a mieux à faire que de perdre son temps dans d'incessantes démarches administratives.

Cela ne fait pas de moi un apôtre de l'économie sans aucun intermédiaire. Je ne me suis jamais considéré comme un libéral excessif, dans le sens où j'ai la conviction que la liberté est la règle, mais qu'il ne doit pas y avoir de libertés sans règles. Les entreprises qui reposent sur les nouvelles technologies permettent de prodigieuses économies d'échelle, des gains de temps, une meilleure communication entre les acteurs d'un marché donné. De nombreuses sociétés bouleversent aujourd'hui nos habitudes et les schémas traditionnels de nos économies. Je peux comprendre que pour beaucoup de Français, ces évolutions soient attrayantes en tant que consommateurs, mais qu'elles soient en revanche une source d'inquiétude en tant que salariés.

Favoriser le développement des start-up et de la nouvelle économie ne signifie pas abandonner notre modèle social. Je suis en faveur d'une baisse rapide du coût du travail en France et donc des charges qui pèsent sur le travail, et en premier lieu sur les bas salaires, car c'est un élément de compétitivité indiscutable vis-à-vis de nos concurrents. Mais cela ne signifie pas pour autant que je suis en faveur d'une course au moins-disant fiscal et social. Les entreprises de la nouvelle économie qui se jouent des gouvernements et ont recours à des montages juridiques insensés pour ne pas payer d'impôts et de charges sociales ne trouveront jamais grâce à mes yeux. N'y a-t-il pas quelque chose de choquant à voir le contribuable payer le rachat des licences de taxis en difficulté, alors que les nouveaux acteurs de cette économie ne contribuent pas à la juste proportion de leur création de richesses ?

La fiscalité des entreprises que la future majorité devra mettre en place en 2017 sera plus souple pour les entreprises qui en ont besoin, mais pas pour celles qui cherchent à contourner le système.

Deux chantiers capitaux pour les entreprises en 2017 seront d'une part la poursuite de la baisse du coût du travail et d'autre part l'allégement des contraintes qui pèsent encore aujourd'hui sur la durée du travail.

S'agissant de la baisse des charges, je suis partisan d'une approche qui ciblera en priorité les secteurs qui créent le plus d'emploi, en particulier le secteur des services, et dans lesquels le coût du travail est un critère décisif d'embauche. Le but ultime d'une telle réforme doit être de redonner la possibilité aux entreprises qui réussissent de se développer en France par la création de nouveaux emplois. La puissance économique d'un pays comme l'Allemagne vient notamment du fait qu'elle a su amener un nombre significatif de petites et moyennes entreprises à une taille critique qui leur permet de s'internationaliser et d'augmenter significativement leurs résultats. C'est le fameux « Mittelstand » dont nous devons nous inspirer. Il existe un nombre incalculable de PME françaises qui sont détentrices de savoir-faire internationalement reconnus, mais leur essor est souvent bridé. Si nous voulons nous attaquer résolument au problème du chômage, notre priorité doit être de redonner de l'oxygène à toutes ces sociétés et créer les conditions de leur succès.

Sur la question du temps de travail, j'ai toujours considéré que le passage aux 35 heures était une aberration. Car je ne crois pas à l'efficacité de l'application de ce dispositif monolithique et dogmatique à l'ensemble du secteur productif et à tous les pans de l'économie, sans distinction aucune. Il est absurde de penser que l'on travaille de la même manière dans un grand groupe et dans une PME, dans une société agricole et dans les activités de prestation de services. À l'époque de sa présentation au Parlement, j'avais naturellement voté contre le texte Aubry car je n'y voyais que la transposition bornée d'une idéologie. Les années d'application (ou de non-application) de ce texte ont montré que la réalité ne s'est pas pliée aux vœux pieux de la gauche. Le mythe du partage du travail permettant de lutter contre le chômage de masse a fait long feu. Certains secteurs professionnels ont des exigences particulières, et ce n'est pas en imposant le repos que l'on va créer davantage de travail pour ceux qui n'en trouvent pas. L'application de cette règle dans la fonction publique, et notamment dans la fonction publique hospitalière, a eu des conséquences catastrophiques.

Aujourd'hui, après des années d'échec, le dogme des 35 heures a vécu. En ce sens, la défiscalisation des heures supplémentaires, réforme engagée par Nicolas Sarkozy et François Fillon, avait constitué un premier pas significatif qui a bénéficié à 9 millions de salariés. Le signal était l'exact opposé, il redonnait au travail une valeur centrale, il permettait à ceux qui le souhaitaient de pouvoir travailler davantage et de mesurer les bénéfices de cet engagement supplémentaire. Cette mesure avait permis une augmentation du pouvoir d'achat de milliers de ménages français. Nous devons poursuivre dans cette voie et aller vers plus de liberté, à la fois pour les entreprises et pour leurs salariés.

Nous devons également mettre un terme à ce système dual qui oppose les actifs bénéficiant d'un statut protégé à tous ceux qui sont condamnés à rester durablement dans la précarité, enchaînant les contrats à durée déterminée, les périodes de chômage et les emplois à temps partiel. Cette réforme s'impose à nous avec d'autant plus d'urgence que ce sont les actifs les plus fragiles qui se retrouvent fatalement dans la seconde catégorie : les chômeurs de longue durée, les parents isolés, les jeunes avec ou sans qualification.

Cette situation inacceptable ne peut plus durer. C'est à la fois une exigence d'égalité et de solidarité. Pour autant, et comme dans d'autres secteurs, il ne s'agit pas d'oublier d'où nous venons et de basculer dans un régime de précariat pour tous. Loin de ces peurs agitées par les partisans de l'immobilisme, je constate que le contrat de travail unique à droits progressifs représenterait une piste extrêmement pertinente. C'est d'ailleurs une option de ce type que préconise l'économiste Jean Tirole, prix Nobel d'économie. Car le contrat de travail unique permet d'ouvrir aux jeunes un marché du travail qui leur est jusqu'à présent fermé, en leur donnant une chance de faire leurs preuves dans l'entreprise. C'est bien là la priorité des jeunes en recherche d'emploi de nos jours, bien davantage que le cortège d'avantages auxquels donne droit un CDI classique. Du reste la force d'un tel contrat unique serait de donner progressivement aux jeunes recrues les mêmes droits que leurs aînés, sans les maintenir à long terme dans un statut de seconde catégorie.

En assouplissant notre marché du travail et en le rendant plus facile d'accès, une telle solution permettrait aussi d'agir sur les mentalités, de montrer que l'on peut refaire du marché du travail français un espace ouvert et accueillant.

Notre société contemporaine est parcourue de tensions politiques, religieuses, communautaires. Mais il faudrait être aveugle pour ne pas voir l'ampleur des tensions intergénérationnelles, qui opposent en particulier ceux que l'on a nommés les *baby-boomers* aux générations suivantes. Les premiers ont connu une France en situation de plein-emploi, une croissance florissante, la certitude de voir leurs enfants obtenir une situation meilleure que la leur. Les secondes constatent chaque jour que l'ascenseur social français est en panne, que leur niveau de vie ne progresse plus et que le système qu'on leur demande de financer fonctionne depuis longtemps à crédit, et donc les engage doublement, sans certitude d'en recevoir un jour les bénéfices. Nous devons tout mettre en œuvre pour contenir ces tensions et lutter contre les facteurs qui en sont à l'origine, car elles minent les fondements mêmes de notre pacte républicain. Notre devoir est donc de restaurer l'égalité et la pérennité de notre système, et de redonner aux entreprises françaises la liberté dont elles ont aujourd'hui plus que jamais besoin.

8.

Retrouver un chemin français, c'est retrouver le sens de notre histoire et l'ordre des priorités. Plusieurs voies nous sont proposées. Certains, à l'extrême droite ou à l'extrême gauche, proposent de tourner le dos à la réalité et au monde. Ils nous précipiteraient dans le chaos et il est probable d'ailleurs que la plupart de ceux qui avancent ces idées y réfléchiraient eux-mêmes à deux fois avant de les exprimer s'ils imaginaient devoir un jour les mettre en œuvre. Ils misent sur l'exaspération et le rejet pour consolider leur fonds de commerce électoral. Le tremplin du populisme light ou assumé c'est la crise, c'est le malheur des autres.

Certains, sans le dire, nous ont engagés pendant cinq ans sur la voie de l'immobilisme et du déclin. Pour couvrir cette résignation, ils l'ont accompagnée de mesures lénifiantes et démagogiques, de promesses sociales anesthésiantes.

D'autres proposent de revenir à la raison et à une politique de compétitivité mais en nous alignant sur les agendas des marchés et les procédés technocratiques où l'humain n'a pas toujours toute sa place. Je me sens mal à l'aise avec ces thèses. Naturellement, il faut retrouver la compétitivité, réduire les dépenses publiques et supprimer les gaspillages, abaisser le coût du travail pour favoriser l'emploi.

Mais on sent parfois chez certains technocrates de la politique ou chez certains libéraux comme la dureté du médecin qui ne croit les médicaments efficaces que s'ils ont mauvais goût, les potions utiles que si elles sont amères, et qui donnent l'impression de presque toujours préférer une amputation à une pommade. On sent parfois chez certains tenants de ces discours que le salarié est presque l'ennemi et le fonctionnaire de la mauvaise graisse.

Ce n'est pas le chemin français : à la suite des pères fondateurs de la République et des grandes figures du redressement d'après-guerre comme Pierre Mendès France ou Edgar Faure, s'est fabriquée une culture politique républicaine et humaniste qui n'oppose pas l'économie et la société. Le général de Gaulle et Georges Pompidou, Jacques Chirac et Nicolas Sarkozy ensuite ont cultivé cette différence essentielle de la droite française qui n'est pas au service des marchés ou des lobbies mais qui défend l'idée républicaine d'un intérêt collectif que l'État a le devoir de préserver.

Je crois par exemple à la participation et à l'association des salariés aux bénéfices de leur entreprise. À cet égard, j'ai du mal à suivre ceux qui sautent sur leur chaise en se réjouissant de la fin du salariat. L'auto-entrepreneuriat est une bonne solution car elle introduit une facilité, mais elle ne peut à elle seule constituer la solution de tous les maux. L'auto-entrepreneuriat introduit de la souplesse, il ne doit pas déboucher sur l'asservissement. La précarité n'est pas un idéal. Ceux qui se disent modernes pourraient constater que même chez Apple, il doit y avoir des salariés qui sont là depuis vingt ans et heureux d'y être. On doit pouvoir être heureux dans son entreprise avec ses collègues et amis, la faire croître, gagner des marchés et progresser avec elle. Il n'est pas ringard de souhaiter s'inscrire dans la durée, construire une famille avec des conjoints qui travaillent à une distance raisonnable, emprunter pour son logement. Et comme le disait Jacques Chirac, la feuille de paie n'est pas l'ennemie de l'emploi quand l'entreprise réussit et ses salariés sont sa richesse, comme ses brevets ou ses produits.

Je crois que le chemin français, le message du gaullisme, c'est de refuser justement ce qui disloque la société. À trop suivre les lignes des évolutions récentes, on prend le chemin de la rupture. On opposerait des Français à l'aise avec la mondialisation, à ceux qui ont justement peur des conséquences qu'ils subissent, les Français qui deviendraient presque des pirates ou des mercenaires, développant leur activité off-shore pour échapper à l'impôt et ceux qui, du fait de la fuite des capitaux et des entrepreneurs, seront au chômage.

Même la politique culturelle, sur laquelle nous fondons souvent notre exception française, doit davantage contribuer à faire communier la Nation autour des œuvres de l'esprit, et conformément aux rêves de Malraux ou de Jean Vilar, de toujours repousser la logique de distinction sociale et territoriale, pour atteindre ce grand partage culturel qui est aussi une manière de vivre ensemble.

Refaire « république », voilà le véritable enjeu. Les solutions françaises peuvent être des opportunités pour le monde car toutes les sociétés occidentales sont confrontées aux mêmes forces de dislocation qui opposent ceux qui profitent et ceux qui subissent, au fur et à mesure que les inégalités s'accroissent entre eux. Il est faux de croire que la mondialisation appauvrit nécessairement les vieux pays industriels. Non seulement elle enrichit des millions de personnes dans les pays émergents qui deviennent des consommateurs de nos produits, mais elle enrichit aussi les pays qui savent en tirer parti. Tout l'enjeu est, dans tous les domaines, de choisir des modèles qui maintiennent le lien social. Il y a des marges considérables pour l'inventivité et l'imagination sociale : par exemple, le commerce sur internet se développe et un bureau de poste en zone rurale ferme. Cela pourrait signer la déshumanisation totale. Mais si le bureau de poste sert de point relais pour les livraisons, de point de vente de produits locaux et de temps en temps de lieu de rencontre culturel, on peut recréer du lien social, accroître les revenus des petits agriculteurs, et maintenir la vie dans ces communes, revaloriser le prix des maisons et enclencher un cercle vertueux.

De même, je ne crois pas dans la plupart des domaines à l'organisation technocratique de « jardins à la française » qui tournent le dos à l'humain. On a vu comment, avec des arguments abstraits, pour ressembler à l'Allemagne, pour réduire le nombre d'interlocuteurs vu de Paris, on a redécoupé les régions, avec un mépris implicite pour la commune, pourtant premier lieu de citoyenneté et qui est souvent le lieu des solutions concrètes et du bon sens. On veut faire entrer la vie dans des cadres, sans tenir compte de l'épaisseur géographique, historique, humaine des communes. Est-il besoin de rappeler que sur les 36000 communes de France, il y en a 33000 qui ont moins de 2500 habitants. Mais qui représentent encore plus de 36 % de la population française. Ce sont plus de 23 millions de Français, qui payent les mêmes impôts, qui ont droit aux mêmes services publics, qui tiennent notre ruralité, notre agriculture, notre artisanat et qui sont aussi ouverts sur le monde que tous les autres. Plus d'un Français sur deux vit même dans une commune de moins de 10000 habitants. On veut mettre l'existence de nos territoires en équation, sans tenir compte de l'épaisseur géographique, historique, humaine des communes. La France de François Hollande qui se résume à 16 métropoles et 13 grandes régions ne résume pas notre pays. Et si l'on n'y prend pas garde on pourrait lui tourner le dos. Des métropoles qui pourraient agir comme des trous noirs, des grandes régions qui pourraient basculer dans des revendications fédéralistes qui ne sont pas non plus ni l'histoire, ni le projet de la France.

L'État et la Nation, pour Péguy, c'est avant tout une idée. Ce qui fonde l'État, c'est la volonté nationale, exprimée par le vote du peuple français et qui se transmet par des élus et des ministres. Le général de Gaulle, Michel Debré eux-mêmes, étaient bien conscients du fait que l'administration d'État n'était pas forcément tout l'État. Prenons un exemple que les maires connaissent bien : une banque a abusé en leur vendant des emprunts toxiques. Les communes ont souffert et la banque, en difficulté, a été reprise par l'État. Des communes ont gagné contre la banque en justice. Mais comme c'était désormais l'État qui allait devoir payer pour la banque, il a fait voter une loi de validation pour effacer ce risque. Dans ce cas, l'administration de l'État agit-elle au nom de l'État, incarnation de l'intérêt général, ou comme un agent privé ? L'alternance ne saurait faire l'économie d'une réflexion profonde sur ce que l'État est devenu et qui devrait conduire à ne pas penser systématiquement qu'il détient seul les solutions.

Dans les périodes de doute que nous traversons, comme dans les années 1930, se rejoignent deux formes d'antiparlementarisme : l'un grossier et violent, simpliste et agressif, qui se retrouve aujourd'hui au FN, et un autre poujadisme policé et mondain, qui jette son dévolu sur des hauts fonctionnaires, jeunes ou vieux, par rejet des politiques et les pare quelque temps de toutes les vertus. Je ne crois pas qu'il y ait d'avenir dans l'effacement de l'humanité de la politique quels que soient ses défauts. La France n'est pas un dossier, elle est faite de chair et d'esprit. Elle est la vie.

Le chemin français passera encore, parce que c'est notre identité, par le retour du politique, par le courage des décisions, par le bon sens des solutions, par la capacité de réaction, non pas des citoyens seulement, mais des politiques eux-mêmes face à l'évidence des erreurs. Les Français n'attendent plus d'un président qu'il incarne le système et le gère paisiblement, mais qu'il soit capable en leur nom de le bousculer.

Dans la compétition mondiale, ce n'est pas dans la course aux bas salaires que nous gagnerons, mais par la conquête de la valeur ajoutée. L'Allemagne nous montre que, malgré l'euro fort, elle réalise des excédents commerciaux records en raison de sa bonne spécialisation industrielle. Il faut que nous soyons au-dessus des autres, en part de la richesse nationale consacrée à la recherche.

Il faut aussi que nous déroulions le tapis rouge à nos créateurs et aux jeunes talents français et étrangers afin qu'ils trouvent en France toutes les possibilités de financement. À quoi servirait-il d'investir massivement dans la formation et la recherche si, sitôt sortis de l'école nos petits génies vont breveter leurs découvertes à Los Angeles ? Par exemple, lorsqu'un surdoué de l'animation, produit de notre système financé par le contribuable français, travaille pour Disney ou Dreamworks, cela peut s'analyser presque comme un pillage des matières premières, un pillage de la connaissance. Voulons-nous qu'à grande échelle, parce que notre fiscalité et nos rigidités auront fait fuir ceux qui le peuvent, les impôts des Français financent la formation de ceux qui mettront leur talent au service des entreprises étrangères ?

Il faut que nous considérions le problème des professions qui proposent par centaines de milliers des offres d'emploi insatisfaites : c'est le cas de la restauration par exemple ou du bâtiment. Les gisements d'emplois existent mais soit le coût de l'embauche, soit les lourdeurs administratives, soit des questions culturelles d'organisation empêchent l'offre et la demande de se rencontrer.

Il faut que nous retrouvions un rapport au monde optimiste et conquérant. Il ne faut pas croire qu'il y ait une contradiction entre la fermeté de notre politique migratoire, le refus de toute remise en cause de notre identité, la volonté de préserver nos valeurs, les impératifs de la sécurité nationale et l'ouverture au monde. Ceux qui dans le monde aiment la France et l'attendent espèrent qu'elle soit elle-même. Mais la France ne serait pas la France sans l'ambition d'accueillir tous les talents, d'exporter ses produits et ses idées partout. Nos galeries d'art, nos laboratoires de recherche ne pourraient que s'enorgueillir d'être le lieu d'un bouillonnement cosmopolite de créateurs et d'inventeurs.

En chemin…

À l'heure où ces dernières lignes s'écrivent, le candidat socialiste n'est pas désigné. Le cimetière des éléphants de la rue de Solferino est déjà bien rempli, il va être utilement complété par la génération qui suit. Comme pour nous, il y aura un vainqueur, les autres s'effaceront pour un temps, pour longtemps, pour toujours peut-être. Il y a une telle accélération du zapping politique. Nouvelle mode américaine. Pas sûr que ce soit une bonne chose. Nous sommes dans un vieux pays où il est *a priori* très long de se construire afin de présider aux destinées. Jacques Chirac disait

20 à 30 ans. Il n'avait pas tort. Sur les sept postulants de la primaire de la droite et du centre, les trois candidats majeurs, un ancien chef de l'État et deux anciens premiers ministres ont trusté à eux seuls 93 % des suffrages. On ne s'improvise pas président de la République. C'est une charge immense et le mode de scrutin voulu par le Général de Gaulle en 1962 lui confère une puissance et une légitimité considérables. On ne saurait rentrer dans un concours de beauté, d'élégance, il ne s'agit pas de finir premier à un concours de circonstances, on ne saurait se laisser séduire par l'air du temps, porté par la brise illusoire de la vague du moment. On ne commande pas son chef de l'État sur internet en espérant qu'il sera livré dans deux jours. On peut « ubériser » beaucoup de choses, développer l'économie sans intermédiaire dans de très nombreux secteurs, mais la démocratie n'est pas un segment d'une activité industrielle, un nouveau service sur une plate-forme bancaire, c'est le pilier même, le mur porteur fondamental de notre régime républicain. Ce choix nous engage tous, il doit être effectué selon des critères de solidité, d'expérience et de courage.

Je regarde le débat socialiste. La plaie est béante, le calendrier de cette primaire de la gauche était conçu pour François Hollande. Il s'est fait porter pâle. Cette primaire semble décalée, anachronique. Le schisme est là sous nos yeux, spectaculaire. Hamon veut un revenu universel à 350 milliards, une paille de la taille du budget de l'État, Montebourg se contient pour présidentialiser ses moulinets d'air en entonnant une fois encore le chant de sa VIe République qui n'est autre que le retour à la IVe. Peillon est en mission. Laquelle ? Il semble la chercher. Quant à Valls, le voici seul contre tous dans un social-libéralisme à la mâchoire serrée. Pendant ce temps, Mélenchon et Macron, deux frondeurs, deux fondeurs du hollandisme, l'un sur une ligne dure, l'autre dans le ventre mou du socialisme, resserrent chaque jour un peu plus l'étau sur celui qui, dans un héroïsme obscur, portera l'étendard et peut-être le dernier flambeau du parti mitterrandien. Tous ceux qui de près ou de loin ont constitué la majorité de rencontre de François Hollande, l'ont conseillé, forment le casting de 2017. Tous ceux qui ont accepté les responsabilités gouvernementales ne pourront s'exonérer de leurs parts importantes dans ce constat d'évidences, d'un échec collectif.

En ce qui nous concerne, nos forces additionnées doivent structurer dès à présent l'alternance vigoureuse dont la France a besoin. Notre énergie doit se mettre au service de la lutte contre ceux qui, flattant les facilités du moment, nourrissent les populismes, durs ou lights, violents ou souriants, lointains ou mondains.

Nous nous trouvons donc aujourd'hui à une période charnière de l'histoire de notre République. Le contexte international, les évolutions de notre société, les tensions et les menaces qui se font jour agissent ensemble comme des forces centrifuges. Si nous n'y prenons pas garde, l'addition de ces forces nous éloignent du chemin que nous avions choisi pour nous-mêmes comme pour les générations qui nous suivront.

Jamais un tel risque de dévoiement n'a pour nous été aussi présent. Il nous impose de nous interroger de façon urgente sur les valeurs nécéssaires pour engager une stratégie politique déterminée en faveur de leur défense.

Au fil de ces pages, j'ai énuméré plusieurs de ces valeurs républicaines qui me sont chères. Au premier rang d'entre elles figure la liberté, qui nous invite à revenir sur un certain nombre de schémas qui emprisonnent et tuent les initiatives personnelles. Ainsi que l'égalité des chances, qui mérite des engagements tangibles dans nos territoires. Et enfin la laïcité, une valeur qui a beaucoup été critiquée récemment, mais dont j'ai la faiblesse de penser qu'elle demeure un élément indispensable de tolérance et d'équilibre au sein de notre société. Tout déplacement de ce point de stabilité, tout nouveau mouvement du balancier ferait trembler les fondations de notre République.

Ces différents éclairages qui me sont propres n'épuisent naturellement pas la longue liste des règles et des principes qui ordonnent notre vivre-ensemble dans un régime républicain. Mais une chose me semble certaine : c'est aujourd'hui que nous devons engager les actions qui nous permettront de les remettre au centre d'un quotidien plus apaisé.

Nous ne pouvons nous permettre encore un quinquennat pour rien, un quinquennat qui ne bousculerait pas les pesanteurs et les systèmes des années 60 et 70 qui structurent encore notre administration et notre organisation sociale.

Pour cela, il nous faudra trouver un chemin éclairé, un chemin de crête, loin de la pensée facile hors-sol de ceux qui croient parfois qu'il faut un vaccin pour aller en province. C'est un chemin loin des égoïsmes, loin des présupposés et des situations acquises. C'est une exigence ardente. C'est un devoir. C'est un chemin français.

CET OUVRAGE A ÉTÉ COMPOSÉ
PAR PCA
POUR LE COMPTE DES ÉDITIONS J.-C. LATTÈS
17, RUE JACOB – 75006 PARIS
ET ACHEVÉ D'IMPRIMER EN FRANCE
PAR CPI
À SAINT-AMAND-MONTROND (CHER)
EN JANVIER 2017

PAPIER À BASE DE FIBRES CERTIFIÉES

JC Lattès s'engage pour l'environnement en réduisant l'empreinte carbone de ses livres. Celle de cet exemplaire est de : 423 g éq. CO_2
Rendez-vous sur www.jclattes-durable.fr

N° d'édition : 01 – N° d'impression : 2026980
Dépôt légal : février 2017